教育部人文社会科学研究项目
"公司内贸易、异质性企业与产品特性：基于中美贸易数据的实证分析"研究成果

Intra-firm Trade in
China-US Trade

中美公司内贸易研究

王莉 陆洲 张筱慧／著

中国财经出版传媒集团
经济科学出版社
Economic Science Press

图书在版编目（CIP）数据

中美公司内贸易研究／王莉，陆洲，张筱慧著．—北京：经济科学出版社，2019.5

ISBN 978-7-5218-0684-7

Ⅰ.①中… Ⅱ.①王…②陆…③张… Ⅲ.①跨国公司－国际贸易－研究－中国、美国 Ⅳ.①F279.247 ②F279.712.47

中国版本图书馆 CIP 数据核字（2019）第 136967 号

责任编辑：张　燕
责任校对：隗立娜
责任印制：邱　天

中美公司内贸易研究

王　莉　陆　洲　张筱慧　著

经济科学出版社出版、发行　新华书店经销

社址：北京市海淀区阜成路甲 28 号　邮编：100142

编辑部电话：010-88191441　发行部电话：010-88191522

网址：www.esp.com.cn

电子邮件：esp_bj@163.com

天猫网店：经济科学出版社旗舰店

网址：http://jjkxcbs.tmall.com

固安华明印业有限公司印装

710×1000　16 开　11.75 印张　200000 字

2019 年 8 月第 1 版　2019 年 8 月第 1 次印刷

ISBN 978-7-5218-0684-7　定价：49.00 元

（图书出现印装问题，本社负责调换。电话：010-88191510）

（版权所有　侵权必究　打击盗版　举报热线：010-88191661

QQ：2242791300　营销中心电话：010-88191537

电子邮箱：dbts@esp.com.cn）

前　言

2019年3月6日，美国统计局和美国经济分析局公布了2018年的美国贸易数据，经过9个月的磕磕碰碰、讨价还价以及各种贸易措施的出台，2018年全年的美中贸易逆差再创新高，比2017年增加了11.6%，达到4 190亿美元。贸易逆差持续扩大的原因在于，美国向中国的出口下降了7.4%，而来自中国的进口增加了6.7%，达到5 395亿美元[①]，这个结果与特朗普政府2018年初提出的缩减贸易逆差的目标完全相反。

改革开放四十多年来，中美经贸关系经历了从破冰到合作再到遏制，从逐步开放、合作竞争、贸易自由化到贸易保护主义的巨大变化，2001年，中国加入世界贸易组织；2008年，美国《国家安全战略报告》将中国定义为"潜在竞争者"；2017年12月18日公布的特朗普政府首份《国家安全战略报告》，将中国首次定性为美国的"战略竞争对手"。

与此同时，全球化在过去30年的发展使整个世界连接起来，工业经济时代只有大公司成为跨国公司，而在信息经济时代很多小规模的公司一诞生就是全球性公司，在很多个国家同时运营，员工分布在世界各地。在个人驱动、网络驱动、全球性资源配置和交易成本大幅度降低的今天，贸易不再是国家与国家之间的交换，而成为个体与个体之间、企业与企业之间的交换，产品内分工、公司内贸易成为全球化分工越来越深入、越来越细

---

① Economics and Trade Bulletin. US-China Economic and Security Review Commission. March 6, 2019.

密的重要标志,个体利益、企业利益和所谓的国家利益纠结在一起,使得观点的冲突和多元成为常态。而经济学家们对于贸易政策的观点也出现了大量的分歧,哈佛大学教授丹尼·罗德里克在其最新出版的《贸易的真相》一书中说:"许多支持贸易的狂热者是被其狭隘、自私的利益驱使。制药公司要求更严格的专利保护,银行争取自由进入国外市场的权利,寻求特别仲裁法庭帮助的跨国公司其实对公共利益并不关心。因此,当经济学家含糊其词时,他们实际上帮助了那些自私自利的'野蛮人'政党。"①

两国贸易的商品结构是两个国家的国际分工、贸易利益和比较优势的外在体现,公司内部贸易的产品结构和发展趋势更是公司进行内部分工、运营模式和全球化发展战略选择的结果。研究中美贸易中的公司内贸易,一定程度上可以帮助我们厘清两个国家的投资流向和跨国公司的内部运作机制,从而进一步认识两国贸易差额的产生根源,以及贸易摩擦可能带来的结果。

21世纪以来贸易理论从传统的比较优势理论、要素禀赋学说、新贸易理论进入所谓的新新贸易理论阶段,其特征在于更加贴合国际贸易的实际状况,关注企业的异质性和企业的内生边界,从而可以解释企业的投资选择、生产组织模式以及在全球价值链中的分工和定位,这些理论方面的进展成为研究贸易问题的重要支撑。

本书从理论和实证两个方面探讨公司内贸易,通过对相关研究文献的梳理,将企业组织模式和企业异质性理论作为公司内贸易的两个研究支点,分别从这两个视角探讨公司内贸易的主要内容,随后进行了中美公司内贸易的实证分析。近年来美国向中国的外商直接投资不断增加,中美贸易不平衡中的很大一部分可以由公司内贸易来解释。研究公司内贸易的动因、影响因素、规模、特征等内容,将更有助于我们理解和应对公司内贸

---

① 丹尼·罗德里克. 贸易的真相:如何构建理性的世界研究 [M]. 北京:中信出版集团,2018.

易的发展，掌握国际贸易的节奏，有助于我国跨国公司改善贸易方式，调整我国对外贸易结构，扩大对外公司内贸易规模；分析中美公司内贸易的产业特征也有助于我们了解在哪些产业、公司更倾向于进行公司内贸易，同时对影响中美公司内贸易的相关因素进行检验，对于进一步认识公司内贸易并促进我国对外贸易水平的提高具有重要意义。更进一步地，在中美贸易摩擦的背景下研究公司内贸易，更让我们看清关税提升、贸易制裁等措施有可能伤害到本国的企业或者员工，而不一定能够达到相应政策设立的初衷。

司马迁在《史记·货殖列传》中记述："……故待农而食之，虞而出之，工而成之，商而通之。此宁有政教发徵期会哉？人各任其能，竭其力，以得所欲。故物贱之徵贵，贵之徵贱，各劝其业，乐其事，若水之趋下，日夜无休时，不召而自来，不求而民出之。岂非道之所符，而自然之验邪？""不召而自来，不求而民出之"是市场机制自发运行的理想状态，也是人们各劝其业、乐其事的重要推动力。2019年3月15日，十三届全国人大二次会议表决通过了《中华人民共和国外商投资法》（以下简称《外商投资法》），取代原来的《中外合资经营企业法》《外资企业法》《中外合作经营企业法》。新的《外商投资法》将从2020年1月1日起施行，这一方面表明中国进一步扩大开放的决心和积极态度；另一方面也会使未来跨国公司的投资方式和运营方式发生相应的调整，从而进一步影响两国之间的贸易以及公司内贸易的发展。我们期待未来的研究能够更加深入地捕捉到这些政策调整所带来的影响，从而能够对中美贸易有更加全面、清晰而深刻的认识。

作者

2019年5月

目　　录

第1章　导论 ……………………………………………………… 1

    1.1　2018年的中美贸易摩擦进程 ………………………………… 1

    1.2　中美贸易摩擦的广泛影响 …………………………………… 3

    1.3　研究中美公司内贸易的意义 ………………………………… 6

    1.4　本书的主要内容 ……………………………………………… 8

第2章　公司内贸易概述 ………………………………………… 11

    2.1　概念界定 …………………………………………………… 11

    2.2　公司内贸易的特点 ………………………………………… 14

第3章　公司内贸易的理论基础 ………………………………… 21

    3.1　参与国际贸易的企业 ……………………………………… 22

    3.2　异质性企业与国际贸易 …………………………………… 25

    3.3　国际贸易中的产品特性 …………………………………… 32

    3.4　公司内贸易的理论研究 …………………………………… 34

    3.5　公司内贸易的实证分析框架 ……………………………… 40

第4章　公司内贸易与企业组织模式 …………………………… 44

    4.1　企业的组织模式选择 ……………………………………… 44

    4.2　内部化与公司内贸易 ……………………………………… 54

4.3 国际价值链和公司内贸易 ……………………………………… 59
4.4 公司内贸易对国际贸易环境和贸易政策的影响 ……………… 60

第5章 公司内贸易与企业异质性 …………………………………… 62

5.1 生产率差异 ……………………………………………………… 62
5.2 对异质性企业的研究 …………………………………………… 65
5.3 异质性企业的类别 ……………………………………………… 69
5.4 异质性企业理论对公司内贸易研究的影响 …………………… 78

第6章 中美贸易中的公司内贸易 …………………………………… 80

6.1 公司内贸易的发展 ……………………………………………… 80
6.2 中美制造业公司内贸易发展现状 ……………………………… 83
6.3 中美贸易中公司内贸易的一些基本特征 ……………………… 88
6.4 2002～2011年的中美贸易特征分析 …………………………… 92
6.5 中国企业的贸易表现 …………………………………………… 95
6.6 小结 ……………………………………………………………… 98

第7章 中美公司内贸易的动因分析 ………………………………… 100

7.1 跨国公司生产组织模式的选择 ………………………………… 100
7.2 离岸生产和外包 ………………………………………………… 103
7.3 国际贸易和投资中的要挟问题 ………………………………… 105
7.4 公司内贸易的一般动因分析 …………………………………… 108
7.5 中美公司内贸易的影响因素 …………………………………… 112
7.6 跨国公司的价值链布局 ………………………………………… 119
7.7 公司内贸易的宏观经济影响 …………………………………… 122

第8章 中美公司内贸易实证分析 …………………………………… 130

8.1 数据采集 ………………………………………………………… 130

8.2　中美公司内贸易规模的实证分析……………………………… 131
　　8.3　中美公司内出口的进一步分析………………………………… 135
　　8.4　中美公司内进口的回归分析…………………………………… 138

第9章　公司内贸易与中美贸易前景分析………………………… 142
　　9.1　美国跨国公司的投资决策……………………………………… 143
　　9.2　墨西哥和中国的投资地位比较………………………………… 148
　　9.3　中美公司内贸易与中美贸易顺差……………………………… 153
　　9.4　中美贸易的前景分析…………………………………………… 159

参考文献……………………………………………………………… 164

第 1 章
导　论

近年来,以美国为代表的西方国家针对我国的出口产品和投资活动等表现出遏制和反对的态度,美国利用世界贸易组织(WTO)相关规则以及其贸易法的301条款从进出口、知识产权保护、技术转移、跨国并购等多个领域向中国施压,导致两国关系以及国际贸易体系的稳定性受到极大的动摇。中美贸易摩擦一方面反映出国际贸易体制中的动荡和不确定因素日益增多;另一方面也表明各国的贸易竞争力对比关系发生了调整和转换。

1.1　2018年的中美贸易摩擦进程

2018年以来,中美贸易摩擦不断升级。2018年3月22日,美国总统特朗普签署备忘录,指令有关部门对华采取投资限制措施,拟对价值500亿美元的中国商品征收关税。[①] 3月23日,中国商务部发布了针对美国进

[①] 详见美国白宫网站 Remarks by President Trump at Signing of a Presidential Memorandum Targeting China's Economic Aggression, https://www.whitehouse.gov/briefings-statements/remarks-president-trump-signing-presidential-memorandum-targeting-chinas-economic-aggression/。

口钢铁和铝产品232措施的中止减让产品清单,计划对价值30亿美元的商品征收关税。① 同日,美国在WTO争端解决机制项下向中方提出磋商请求。4月4日,美国政府发布了加征关税的商品清单,将对我国输美的1 333项500亿美元的商品加征25%的关税。中方随即宣布,决定对原产于美国的大豆、汽车、化工品等14类106项商品加征25%的关税。② 4月5日,特朗普宣称要额外对1 000亿美元中国进口商品加征关税。4月5日WTO公布的文件显示,日本和欧盟均以在此方面具有重大相关利益为由,要求加入美国在WTO就中国歧视性技术许可要求提出的磋商请求。③ 4月16日,美国商务部声明将对中兴执行为期7年的出口禁令④,同时,美国对于《中国制造2025》中所列出的产业表现出极大的针对性,意图在高端核心技术领域让美国永久性保持对华优势。

之后,双方举行了三轮磋商。5月17~19日的谈判后,双方发布了中美经贸磋商的联合声明,内容主要包括:"双方同意,将采取有效措施实质性减少美对华货物贸易逆差。为满足中国人民不断增长的消费需求和促进高质量经济发展,中方将大量增加自美购买商品和服务。这也有助于美国经济增长和就业。双方同意有意义地增加美国农产品和能源出口,美方将派团赴华讨论具体事项。"

2018年5月29日,美国宣布将加强对获得美国工业重大技术的相关中国产品和实体实施出口管制,并采取具体投资限制;对从中国进口的含有"重要工业技术"的500亿美元商品征收25%的关税,其中包括与《中国制造2025》计划相关的商品。2018年6月,中美双方各自公布了向对方征收惩罚性关税的商品清单,开始对价值340亿美元的商品加征25%的关

---

① 详见商务部网站,http://www.mofcom.gov.cn/article/ae/ag/201803/20180302722664.shtml。
② 详见商务部公告,http://www.mofcom.gov.cn/article/b/c/201804/20180402728516.shtml。
③ 详见WTO网站关于贸易争端DS542的详情,https://www.wto.org/english/tratop_e/dispu_e/cases_e/ds542_e.htm。
④ 详见美国商务部网站,https://www.commerce.gov/news/press-releases/2018/04/secretary-ross-anounces-activation-zte-denial-order-response-repeated。

税，8月23日起此项加征覆盖到500亿美元的商品。

2018年7月11日，美国启动对中国另外2 000亿美元商品加征10%关税的流程。2018年9月24日，美国开始对上述2 000亿美元的商品加征10%的关税，并表明2019年1月1日起该加征将升至25%。同时，美国表示其正在考虑启动对另外价值2 000亿美元的中国出口产品加征关税的程序。此外，美国商务部以国家安全和外交利益为由，将44家中国企业（8个实体和36个附属机构）列入出口管制实体清单，其中包括很多研究机构，开始对中国进行技术封锁。

直到2018年12月2日中美两国首脑在阿根廷峰会上的会面，两国在贸易领域的对抗才有所缓和，然而，2018年惊心动魄的贸易争端和摩擦表明，中美贸易摩擦是一件确定性的、全方位的、持续时间较长的事件，也在很大程度上影响到中国与世界其他国家之间的经济贸易关系，必将对中国的对外贸易和经济发展带来长期的影响。

1.2 中美贸易摩擦的广泛影响

尽管中美贸易摩擦主要发生在贸易领域，但研究发现美国对中国的战略遏制是全方位、总体性、全局性的，其影响不仅仅局限在贸易领域，或者说，更加深远的影响会发生在高技术、服务业、投资等诸多领域，其影响必将是长期的，也是较为广泛的。

1.2.1 美国在贸易领域利用多种政策工具

从美国政府所动用的政策工具来看，特朗普政府几乎动用了所有的贸易措施，以体现其对中国进行战略遏制的态度和决心。特朗普政府所采用的政策工具主要包括：《1930年关税法》《1962年贸易扩大法》第232条款、《1974年贸易法》第201条款、《1988年综合贸易法案》301条款、《1988年综合贸易法案》特别301条款、《1988年综合贸易法案》337条款、《2007年外国投资与国家安全法》、《2015年贸易便利化和贸易执行法案》。与此同时，美国政府还利用WTO的诸多协议如《关税与贸易总协定1994》《与贸易相关的知识产权协定》《与贸易相关的投资措施协定》《保障措施协定》《补贴与反补贴协定》《倾销与反倾销协定》以及《贸易便利化协定》等，对中国发起各种调查，并在WTO的争端解决机制内发起多项贸易争端，涉及了包括美国商务部、美国国际贸易委员会、美国贸易代表办公室、财政部等多个政府部门，这些政府部门的背后又有多个官方或非官方的智库提供信息支持和政策研究支持。

1.2.2 美国不断推出新法案

除此以外，美国政府还在2018年以推出新法案的方式来推进对中国的战略遏制。2018年6月18日通过了《外国投资风险审查现代化法案》(*The Foreign Investment Risk Review Modernization Act of 2018*，简称"FIRRMA法案")，该法案旨在大规模强化对外国投资的审查，其中涉及高科技行业的交易审核将更加严格。法案赋予财政部牵头的外国投资委员会（CFIUS）更广泛的权力，包括扩大CFIUS行业严查范围（27个核心高科技行业）、加强对涵盖交易的审查（以前CFIUS只审查导致控制权变更的外商投资，11月1日起范围扩大到少数股权投资）、跟踪未申报的交易、延长CFIUS的初始审查时限、收取申报费用等，以国家安全为由，审查并可能阻止外国交易。

2018年7月，美国国会通过《出口管制改革法案》（Export Control Reform Act），该法案加强总统对出口管制行政决策权力，要求总统制定受控出口商品清单，明确列出以及确定对美国构成威胁的外国人和最终用途清单，同时采取任何其他必要的行动来实施此权限。11月19日，应法案要求，美国商务部工业安全署公布拟制定的针对关键技术和相关产品的出口管制体系并对公众征询意见，拟对生物技术、人工智能（AI）和机器学习等14类核心前沿技术进行出口管制，出口管制内容与《中国制造2025》有较大重叠部分，如机器人、先进材料等，主要是强化对华技术出口封锁。

1.2.3　美国多方洽谈和签订贸易协议

与此同时，美国在2018年先后与加拿大和墨西哥等国签订新的自由贸易协定，竭力推进与欧洲和日本的贸易伙伴关系，在亚太地区、东南亚地区以及拉丁美洲和非洲等地不断释放出来的信号，其战略意图明显是试图孤立中国，对"一带一路"倡议带着极大的谨慎和怀疑态度，试图通过各种措施来降低中国在区域经济中的影响力。

2018年以来的世界经济形势和贸易摩擦所反映出来的是国际政治及经济环境的不确定性、力量转换和经济增长模式冲突。麻省理工学院斯隆管理学院教授黄亚生（2018）指出，中美贸易冲突的根本原因不是技术冲突，而是中美之间的制度冲突；上海社科院张幼文（2018）指出，中美之间的竞争不是关于公平贸易的市场竞争，而是两国在新产业革命上的战略竞争。越来越多的事实表明，国际经济环境与地缘政治形势从冷战之后的相对稳定阶段进入一个新的不确定和动荡阶段，西方国家对于国际经济政治形势和大国关系有了全新的判断，规锁（confinement）政策开始取代延续多年的接触（engagement）政策，将成为美国对华长期政策新范式。"接触政策"的核心是接纳中国成为国际社会的"正式成员",并让中国逐步成为分担美国国际责任的"利益攸关方"。"规锁政策"的核心是要规范中国行为,锁定中国经济增长空间和水平,从而把中国的发展方向和增长极限控制在无力威胁或挑战美国世界主导权的范围以内(张宇燕、冯维江,2018)。同时,整个西方世界的逆全球化趋势也越来越明显,贸易保护主义倾向日益增强。2018 年 4 月 12 日,WTO 发布的《全球贸易数据与展望》指出,有迹象显示不断升级的贸易摩擦可能正在影响商业信心和投资决策。

美国总统及商务部门在提及中美贸易存在的问题时,总是会强调中国对美国的贸易顺差及中美之间的贸易规模。根据美国的统计数据,2018 年美国货物贸易逆差创 2009 年以来新高,再度接近峰值,同时,近年来美国政府、企业、民众在全面反思过去长期支持并主导的全球化对美国的影响以及美国受到的"不公平"待遇问题。其中,对中国货物贸易逆差占美国逆差总量的 46%,与 20 世纪 60 年代的西欧、80 年代的日本类似,当前的中国成为美国转移国内矛盾的重要对象。此外,美国部分官员和研究机构认为,中美贸易失衡和美国制造业衰落的主要责任在于中方的重商主义,他们希望系统解决造成中美贸易逆差的深层次体制机制和结构性问题。因此,在贸易谈判的过程中,美方不仅向贸易赤字问题施压,而且直接将中国的产业政策和贸易政策作为谈判内容。

1.3　研究中美公司内贸易的意义

改革开放四十多年来,中美经贸关系经历了从破冰到合作再到遏制,从逐步开放、合作竞争、贸易自由化到贸易保护主义的巨大变化,2001年,中国加入世界贸易组织;2008 年,美国《国家安全战略报告》将中国定义为"潜在竞争者";2017年12月18日公布的特朗普政府首份《国家安全战略报告》,将中国首次定性为美国的"战略竞争对手"。

鉴于此,有必要对中美贸易的规模、结构、趋势进行更加深入而细致的分析,了解中美贸易逆差的主要规模、构成和来源,了解中美贸易数据背后的公司运行的实质和机理,了解中美贸易数据背后的一个个具体的参与者、决策者和受益者,有助于我们把握贸易争端中的核心内容,认清贸易争端中哪些问题属于实质性的问题,哪些问题属于"似是而非"的问题,从而提出应对之道。

本书旨在深入分析和挖掘中美贸易中的公司内贸易。所谓"公司内贸易"(intra-firm trade),是指一家跨国公司内部的产品、原材料、技术与服务在国际间流动,这主要表现为跨国公司的母公司与国外子公司之间以及国外子公司之间在产品、技术、服务方面的交易活动(孙文莉、陈丽丽,2010)。公司内贸易的主体是跨国公司,因此,公司内贸易的发展必然伴随着跨国公司的地域分布、业务扩张、产品类别的变化而变化,有的公司内贸易伴随着投资而来,有的公司内贸易伴随着产品而流回投资国,在全球分工体系和价值链中起着重要的连接作用,具有较强的地域特征和产品特征。

"二战"以后,国际化专业分工不断发展,跨国公司在世界范围内开始兴起,伴随着经济全球化和生产一体化的不断蔓延,跨国公司在国际贸易的地位日益显著,开始成为重要的一部分。在经历了2008年金融危机短暂的低迷之后,2015年全球对外直接投资迎来了复苏,投资流量增加了38%,达到1.762万亿美元,其中跨境合并与收购增幅显著。接受外国投资最多的地区是亚洲的发展中经济体,前10名的外国投资流入最多的国家有半数也是发展中经济体,由此可见,发展中经济体是跨国公司对外投资的热点。根据2017年排名,美国作为外国直接投资流入最多的国家,有2 750亿美元外国直接投资流入;排名第二的中国内地接受外国直接投资1 340亿美元;中国香港地区排名第三,接受外国直接投资1 170

亿美元。① 数额巨大的对外直接投资必然带动跨国公司内部贸易的规模扩大，经济全球化日益深入发展，跨国公司开始构建全球价值链，在全球范围内进行资源整合，公司内贸易的结构和内容也变得日益错综复杂，包括子公司与子公司之间的财务划账、要素流动以及跨国公司与一些合资、合作公司之间的商品流动。公司内贸易日益形成一张网格式的结构，虽跨越国界却是内部的运筹帷幄和战略布局，知识、技术、文化、信息等在其内部活跃流动，巨大的规模及其特有的方式与特征均影响着东道国、投资国乃至整个世界经济。

公司内贸易已经成为国际贸易中的重要内容，近年来受到越来越多研究者的关注，并且与企业理论、不完全合约理论和国际贸易理论的新进展有着密切的关系，限于数据的可获得性，关于公司内贸易的研究大多是对美国数据的分析，而较缺少对发展中国家的分析。近年来美国向中国的外商直接投资不断增加，中美贸易的不平衡中的很大一部分可以由公司内贸易来解释。研究公司内贸易的动因、影响因素、规模、特征等内容，将更有助于我们理解和应对公司内贸易的发展，掌握国际贸易的节奏，有助于我国跨国公司改善贸易方式，调整我国对外贸易结构，扩大对外公司内贸易规模；分析中美公司内贸易的产业特征也有助于我们了解在哪些产业，公司更倾向于进行公司内贸易，同时对影响中美公司内贸易的相关因素进行检验，对于进一步认识公司内贸易，并促进我国对外贸易水平的提高具有重要意义。

1.4　本书的主要内容

本书包括以下五部分：第一，对公司内贸易的定义，并对现有公司内贸易的研究进行综述；第二，分析公司内贸易研究的两大理论基础——跨

---

① 参见《世界投资报告2018》，联合国贸易和发展会议，https://unctad.org/en/PublicationsLibrary/wir2018_overview_ch.pdf。

国公司的组织模式选择和公司内贸易与异质性企业的关系；第三，对公司内贸易的特点、动因进行理论分析；第四，利用中美数据进行中美公司内贸易实证研究，分析影响中美公司内贸易的主要特点及其影响因素；第五，对中美贸易摩擦及我国的产业发展战略选择进行分析。

全书共分为9章。

第1章 导论。概述中美贸易摩擦所引发的思考以及本书的研究内容和研究意义，确定研究的整体思路和结构。

第2章 公司内贸易概述。主要分析了公司内贸易的概念及其国家特点、产业特点、企业特点、产品特点。

第3章 公司内贸易的理论基础。对当前公司内贸易的理论和实证研究进行文献综述。

第4章 公司内贸易与企业组织模式。本章针对跨国公司对外直接投资时的成本收益考虑所选择的企业组织模式进行分析，并进一步讨论不同组织模式所带来的公司内贸易内容。

第5章 公司内贸易与企业异质性。企业异质性会决定一个企业的对外投资、贸易和生产的内容，从而决定公司内贸易的规模、产业分布和贸易流向。

第6章 中美贸易中的公司内贸易。重点分析了中美公司内贸易的规模、产业分布、特点及中国企业表现出来的外部特征。

第7章 中美公司内贸易的动因分析。本章分析了克服外部性、获得规模经济效益、合理避税和利润转移、降低成本、战略投资等。

第8章 中美公司内贸易实证分析。选取变量研究影响中美公司内贸易总规模、出口规模、进口规模的主要影响因素。

第9章 公司内贸易与中美贸易前景分析。本章对美国跨国公司在北美和东亚的投资活动与产业分布进行比较分析，讨论了中国和墨西哥的不同战略地位以及公司内贸易的结构性差异，针对中美贸易摩擦所引发的贸易和投资领域的变化及挑战，分析了其对公司内贸易的影响。

本书研究发现，中美贸易中的公司内贸易具有以下特征：

第一，中美贸易中公司内贸易的比例，高于美国同其他发展中国家之间的公司内贸易比例，而中国向美国的公司内出口比例，远高于中国从美国的公司内进口比例。

第二，中美贸易中的公司内贸易主要集中在制造业，特别是化工、机械和电子产品等部门。

第三，公司内贸易并不总是表现为持续上升的趋势，而是在某个区间范围内波动。

第四，中美贸易争端很可能首先损害的是美国跨国公司的利益，其次是美国消费者的利益，最后才是中国外贸相关产业的劳动者的利益。

第五，随着国际贸易改革的日益深化及贸易模式转型的加速，未来公司内贸易的发展趋势将朝着两个不同的方向进展：其一，在互联网渗透率较低的产业中，公司内贸易的趋势仍将持续；其二，在互联网渗透率较高的产业中，公司内贸易将向公司间贸易持续转型。

第 2 章

公司内贸易概述

2.1 概念界定

2.1.1 公司内贸易的主体

公司内贸易（intra-firm trade）的主体是跨国公司，是伴随着跨国公司的出现、业务扩张、产品类别变化而发展出的对外投资或者产品的流回，并且具有较强的地域特征和产品特征。在国际上，跨国公司有多种讲法，诸如"multinational firms""international firm""supernational enterprise""cosmo-corporation""multi-national enterprises"都可当作跨国公司，最常见的是以"multi-national enterprises，MNES"来代表跨国公司。关于跨国公司的具体内涵，比较综合的是1983年联合国给出的定义——跨国公司指这样一种企业：（1）包括设在两个或两个以上国家的实体，不管这些实体的法律形式和领域如何；（2）在一个决策体系中进行经营，能通过一个或几个决策中心采取一致对策和共同战略；（3）各实体通过股权或其他方式形成联合，使其中的一个或几个实体有可能对别的实体施加重大影响，特别是同其他实体分享知识资源和分担责任。这一定义被国际官方机构和企业、学术界广泛接受。郑传均（2006）将跨国公司的判定划分为三个标准：（1）结构标准，企业在两个以上国家进行制造和销售业务；由多个国家的公司或实体拥有所有权；企业的高级经理人员国籍来自一个以上国家；企业组织形式以全球地区和全球性产品为基础。（2）业绩标准，公司的国外活动在全公司业务活动中资产额、销售额、产值、盈利额、雇员人数等必须占一定比例，一般认为公司的国外活动应达到25%。（3）行为标准，公司按照全球目标公平处置世界各地所出现的机遇与挑战，经历以母国为中心决策到既考虑母国利益又兼顾国外子公司要求，再到出于全球思维以全球利益为目标进行决策。

2.1.2 公司内贸易的定义

公司内贸易是发生在跨国公司体系内部的贸易。经济合作与发展组织（OECD）给出的定义为，公司内贸易包括两个方面：本国母公司与其控制的国外附属公司之间的贸易；本国被国外控制的附属机构与母公司之间的贸易。刘燕（2007）认为，跨国公司内部的国际化市场包括三种类型的交易：母公司对其国外子公司的销售；国外子公司对其母公司的销售；同一跨国公司体系内子公司间的交易。这些交易不完全取决于市场力量，也不一定完全根据市场价格成交，它们标志着跨国公司一体化国际生产与销售的程度与水平。孙文莉、陈丽丽（2010）认为，企业内贸易为一家跨国公司内部的产品、原材料、技术与服务在国际间流动，这主要表现为跨国公司的母公司与国外子公司之间以及国外子公司之间在产品、技术、服务方面的交易活动。

罗纳德·科斯（Coase）于 1937 年在其出版的《企业的性质》一书中研究了企业的起源和规模，他提出的"科斯定理"指出，由于市场失灵尤其是中间产品市场的不完全现象，导致了企业的交易成本增加，企业通过扩大组织规模，把具有特定资源供需联系的外部产业组织纳入统一的企业系统，将彼此独立的供需双方的外部交易转变成统一组织内的内部交易，这样就可以节省外部市场交易的费用和成本。类似地，公司内贸易表现为它是跨国公司对世界贸易的有意识的组织、协调和控制，是国与国之间的贸易，虽然是跨国公司的内部贸易，但当产品与服务交易跨越国界时，其数量和金额便计入相关国家的对外贸易统计中，成为对外贸易的一部分。

跨国公司内部贸易的认定在母公司控制子公司的股权份额上存在一定的争议，一般认定是母公司拥有 50% 以上股权，即拥有多数股权。参考美国经济分析局的公司内贸易数据统计口径，美国母公司和附属机构的统计包含了所有的美国母公司和其国外附属机构。母公司参考每年对外直接投资的调查结果，国外附属机构包括：(1) 拥有多数股权的国外子公司，其中总资产、销售额或者净收入（损失）超过 3 亿美元的。(2) 拥有多数股权的国外子公司，其中总资产、销售额或者净收入（损失）大于 6 000 万美元但不超过 3 亿美元的。(3) 拥有少数股权的国外子公司，其中总资产、销售额或者净收入（损失）大于 6 000 万美元的。(4) 统计当年新收购或者成立的国外子公司，其中总资产、销售额或者净收入（损失）大于 2 500 万美元但不超过 6 000 万美元的。这一统计口径基本代表了美国母公司和其国外子公司的水平，将绝大多数母公司和其国外子公司包含在内了，对于那些总资产、销售额或者净收入（损失）较小的，因其数额较小，暂时忽略不计。因而把那些母公司在管理、生产技术和市场销售协定等方面存在着控制子公司或者附属机构的或者能够加以重大影响的附属公司之间的贸易都算作是公司内贸易。

2.2 公司内贸易的特点

2.2.1 公司内贸易的国家特点

公司内贸易的比重因国家而异，不仅在发达国家与发展中国家之间，而且在发达国家之间也存在较大的差异。一般而言，发达国家之间的公司内贸易比重较高，而发达国家与发展中国家之间的公司内贸易比重较低，发展中国家与发展中国家之间的公司内贸易比重更低。此外，公司内贸易还和一个国家的要素禀赋、产业竞争力、金融开放度、对外商直接投资的接纳程度、制度体制等有着密切的联系，一些对于实证数据的分析基于此而展开。

根据OECD的统计，公司内出口占制造业总出口的比重，在瑞典是51%，在美国是18%，在日本是10%；在以色列的跨国公司进行公司内出口的比重是65%，该数据在日本仅为22%。一项1999年关于法国公司内贸易的调查显示，68%的法国跨国贸易是保持距离型贸易，32%是关系型贸易（即公司内贸易）。在这32%的关系型贸易中，29.9%是与发达国家（主要指欧盟和美国）的关系型公司进行的贸易，而只有2.1%是与发展中国家的关系型公司进行的贸易（Lanz and Miroudot，2011）。

安特拉斯（Antras，2003）利用1992年美国与其28个贸易伙伴国的数据进行横向对比分析，发现美国与资本/劳动比率高的国家（如瑞士）的公司内贸易比重较高，而与资本/劳动比率较低的国家（如埃及）进行公司内贸易的比重较低，他认为这种在一般贸易中的"北北贸易"现象在公司内贸易中更加显著。美国公司内贸易的主要伙伴国是OECD国家，在

OECD 国家中主要是欧盟，45% 的美国母公司出口到了欧盟的子公司，而 54% 的美国子公司出口到了欧盟的母公司（Lanz and Miroudot，2011）。而与发展中国家之间的公司内贸易比例较低，这些数据与美国对外直接投资的数量也是相一致的。这种现象也说明，公司内贸易并不总是受到劳动力成本的驱动，可能与产品种类、市场环境、企业战略等有着更密切的联系。

2.2.2　公司内贸易的产业特点

公司内贸易的规模与产业有着非常密切的关系，1987 年 32 个国家不同产业跨国公司内部贸易数据表明，公司内贸易出口各产业在其总出口中的比重为：计算机 91.3%、汽车 62.4%、机械 52.6%、石油 51%、电子 36.5%、医药化工 35%、纺织 12.8%、食品 9.8%、造船 8.79%。可以看出技术密集程度越大的产业，公司内贸易出口比例越高（Lanz and Miroudot，2011）。以美国为例，2016 年其公司内进口和公司内出口比例最高的产业集中在车辆、药品、化学制品等，而公司内贸易最低的产业集中在农产品，如活动物、皮革制品、木制品、鞋类等（见表 2.1）。这与研究者指出的产业的技术密集度有关，技术越复杂的产品，越不容易在合同中有清楚的规定，从而容易产生要挟问题，进行公司内贸易可以在一定程度上克服要挟问题。但公司内贸易与技术的复杂程度的关联性似乎并不是非常一致，因为有些产品如某些矿产品、可可等原材料，在美国的公司内贸易中仍然居于较高的水平。因此，关于公司内贸易与产业特征的研究，还需要进一步深入并且细化。

伯纳德等（Bernard et al.，2010）以及努恩和特莱夫勒（Nunn and Trefler，2008）的两项研究都发现，公司内贸易的比例在资本和技术密集型产业中更高。易普勒（Yeaple，2006）进行了类似的分析，其研究表明，

表 2.1　　　　　　2016 年美国公司内贸易的产业分布　　　　　　单位：%

公司内贸易比重最高的十个产业				公司内贸易比重最低的十个产业			
进口	比重	出口	比重	进口	比重	出口	比重
车辆	98.1	车辆	72.1	特殊类别商品	1.6	羊毛	0.06
药品	75.4	杀虫剂、化肥	62.3	猪	2.3	猪	1.9
磁性及光学产品	73.6	石灰石膏制品	59.3	牛	3.7	养殖鱼类	2.1
化工产品	72.8	医药设备及仪器	56.8	鞋类	6.7	煤和石油天然气	3.3
医药设备及仪器	66.8	纺织材料	55.5	其他动物	7.4	水果、坚果	3.4
建筑及机械产品	65.1	药品	53.8	油籽和谷物	8.3	特殊类别产品	3.9
橡胶产品	63.8	橡胶产品	49.5	纺织纤维	11.0	皮革类	5.2
导航、测量、医学及控制仪表	63.7	运输设备	48.8	纺织品	11.1	木制品	7.3
半导体及元器件	63.0	半导体及元器件	48.4	禽蛋类产品	11.3	鞋类	7.6
非金属矿物	62.1	化工产品	48.3	木制品	12.5	二手商品	7.7

资料来源：根据美国统计局网站数据整理计算，网址：https://relatedparty.ftd.census.gov。

研发密集度高的产业会增加从美国母公司的进口。马瑞（Marin，2009）研究了德国跨国公司的情形，其研究表明，研发密度高的德国母公司会相对增加其向东欧国家进行一体化投资的可能性。柯可斯等（Corcos et al.，2009）研究的是法国公司的企业层面的数据，其研究发现高生产率、高资本密集度、高技术密集度和高总部密集度的企业更容易进行公司内贸易，并且其研究发现法国跨国公司更倾向于同资本稀缺的国家进行公司内贸易；他们的研究进一步表明，产品如果有更高的复杂度，则会增加公司内贸易的可能性。艾格和法佛迈尔（Egger and Pfaffermayr，2005）利用的是奥地利跨国公司的数据，他们的研究发现市场规模和单位劳动成本会对公司内出口带来显著的影响。汉森等（Hanson et al.，2005）通过评估美国母公司的中间产品公司内出口的各种决定因素，分析了纵向生产网络，他们发现，一方面，低交易成本、非熟练劳动力的低工资和小规模的东道国市场都会增加公司内贸易的比重；另一方面，熟练劳动力的低工资将会降低公司内贸易的比重。

安特拉斯（2003）研究了美国23个制造业的进口数据，利用1987年、1989年、1992年、1994年四年的数据进行回归分析，发现美国倾向于通过公司内贸易的方式进口资本密集型产品，如化工产品；而通过保持距离型交易的方式进口劳动密集型商品，如纺织品。意大利在自然资源产业的公司内进口比例高达85%；荷兰在采矿业的公司内进口比例为80%，但在办公和计算机械行业的公司内进口比例为100%；日本公司内进口比例最高的是基础和加工金属产品，为93%。总的来说，公司内贸易比重较高的产业为汽车、制药和运输设备（Lanz and Miroudot，2011）。在大比重的公司内贸易中，美国的制造业占据公司内贸易的大部分，2007～2016年数据显示，在公司内出口中，制造业的公司内贸易占到公司内总出口的30%以上，公司内进口相对出口比重更高，制造业占比达50%以上（见图2.1）。

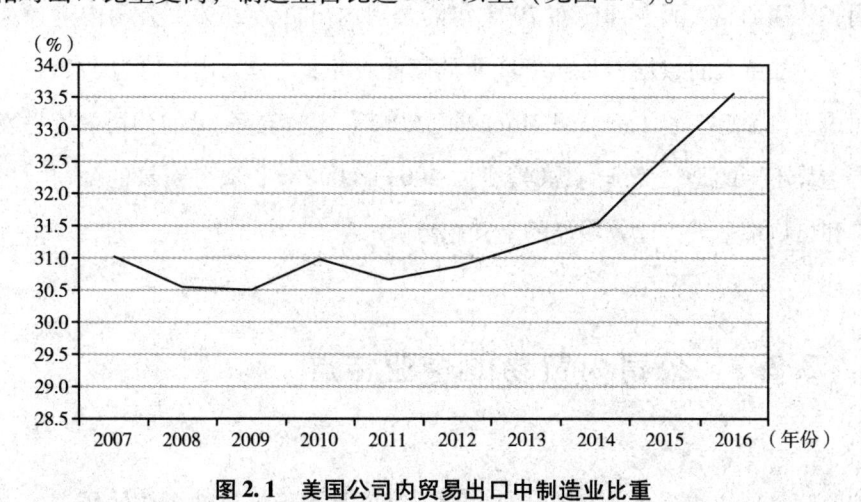

图 2.1　美国公司内贸易出口中制造业比重

资料来源：根据美国统计局网站数据整理计算，网址：https://relatedparty.ftd.census.gov。

2008～2016年数据显示，在公司内出口中，制造业的公司内贸易在30%以上，并且呈现逐年增长的趋势。在公司内进口当中相对出口比重较高，制造业占50%以上，但在2012年以后呈下降趋势（见图2.2）。

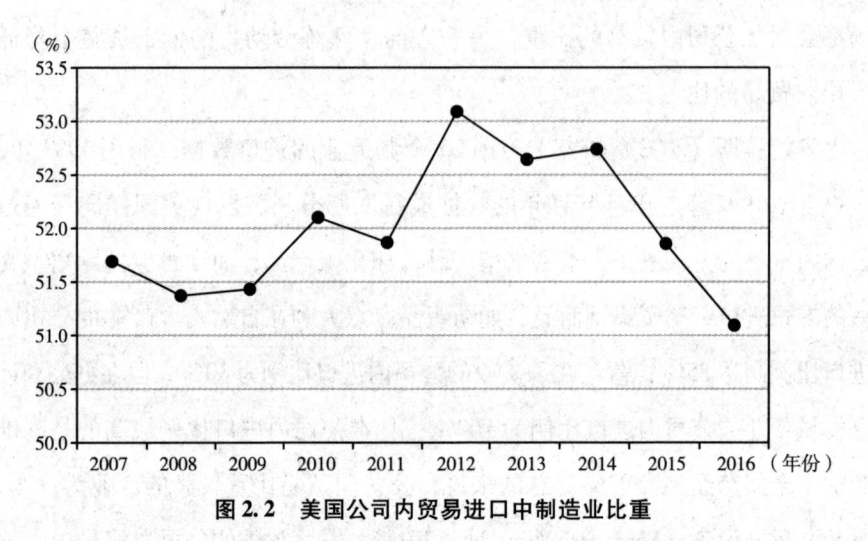

图2.2 美国公司内贸易进口中制造业比重

资料来源：根据美国统计局网站数据整理计算，网址：https://relatedparty.ftd.census.gov。

除了商品贸易外，研究者们也关注服务贸易的公司内贸易，现有的关于公司内贸易中服务贸易的统计数据只有美国和加拿大两个国家。数据表明，美国的私人服务部门在2008年的公司内出口为26%，公司内进口为22%。加拿大的数据表明，2003年的商业服务业的公司内出口为42%，公司内进口为54%（Lanz and Miroudot，2011）。与商品贸易的公司内贸易发展趋势不同的是，美国的数据表明，2003～2008年，服务贸易的公司内进口和出口都呈现出比较明显的上升趋势。

2.2.3　公司内贸易的企业特点

贸易理论和企业理论结合的一个重点就是关于异质性企业的研究，由于企业存在生产率的差异，所以一般最有效率的企业会进行对外直接投资,生产率相对较低的企业会进行出口,生产率更低的企业会只在国内生产,如果生产率低于一个阈值,则企业就会被淘汰出局(Melitz, 2003; Antras and Helpman, 2004; Helpman, Melitz and Yeaple, 2004)。

在有关异质性企业的研究中,研究者们对异质性企业的定义有所不同,有的研究者如梅利兹(Melitz, 2003)将企业的异质性定义为生产率差异;有的研究者则采用其他方式定义异质性,例如易普勒(2006)将竞争性技术、国际贸易成本、具备异质性技术水平的工人三个因素归结为企业异质性的原因,并认为异质性企业会在众多的竞争性技术中选取一种或几种技术,同时雇用与该技术相匹配的拥有异质性技术水平的工人,这样企业的产品或服务就具有异质性贸易优势。

杜等(Du et al., 2012)利用中国制造业1998~2005年的企业数据,基于异质性企业理论考察了出口企业的绩效变化,他们的结论是,不论是国内企业还是外商投资企业,进行出口时其生产绩效总是会提高;而一旦进行出口,国内企业的生产率水平会进一步提高,外商投资企业则不一定,这样的生产率收益在高、中技术产业中显得更加明显;当企业停止出口后,国内企业的生产率水平会下降,外商投资企业的生产率水平下降不明显,他们认为这种差别可以归因于技术差距理论(technology gap theory),也与中国的出口以加工贸易为主有关。他们的研究是对企业异质性理论的一种验证或者反推,其研究的特点就是将企业分成国内企业和外商投资企业,并进一步观察两组企业生产率收益的变化差异。

2.2.4 公司内贸易的产品特点

公司内贸易不仅发生在中间产品,而且发生在最终产品。对公司内贸易的传统理解认为,跨国公司的公司内贸易应该是跨国公司在全球范围内进行生产布局、利润分配和逃避税收,进行公司内贸易的产品应该多是难以在合约中清楚描述，或者交易成本比较高的中间产品。美国的统计数据表明，美国公司内进口的中间产品占中间产品进口的46%，中间产品的公司内出口占中间产品出口的27%。这在一定程度上表明，跨国公司不仅在全球范围内进行生产布局，也在进行着销售的布局和营销网络的建设。陈建安（1986）也指出，公司内贸易有以下特点：研发支出大的部门，公司内贸易的比重较高，公司内技术贸易的比率要高于公司内商品贸易的比率；公司内贸易比率随着产品加工度的提高而上升。

第 3 章

公司内贸易的理论基础

21世纪以来,国际贸易研究越来越深入和细化,由原先的行业和国家层面进入企业和产品层面,这一转变的主要原因是大量微观数据可以收集到,使研究可以细化,研究者不仅可以观察到各种产品参与国际贸易的规模和流向,也可以进一步观察到这些产品是由哪些企业生产的,以及这些企业的规模、要素密集度、生产效率、研发能力、国际化程度甚至内部管理等,从而为公司内贸易的研究打开了通往各个方向的研究路径。对于上述诸多路径的研究和探索、归纳和阐述成为21世纪以来国际贸易理论的研究热点,例如比较优势与异质企业之间的相互作用、多产品公司、国家不对称、可变加价和市场规模、决定是否在公司范围以内或之外组织生产活动、公司管理层级、劳动力市场摩擦等问题(Helpman,2004;Heckman et al.,2004;Alon,2018),这些理论被研究者们称为新新贸易理论(new new trade theories)。

近年来的微观数据显示出以下一些企业参与国际贸易的事实特征。首先,从广泛的意义上来讲,企业参与国际贸易的比例是较低的。在大多数发达国家与发展中国家的生产者组成中,出口商及进口商仅仅只占了很小的一部分。其次,在生产者群体中,出口商和进口商相对而言规模更大,生产效率、技术和资本密集度也更高,不仅如此,他们在进入国际市场前支付的工资高于非贸易公司。上述事实特征表明,进入国际市场是一种自我选择:只有生产效率足够高,公司才能够克服进入出口市场的成本,因而高生产率并不一定是出口促成的,而很有可能是相反,即企业因为高生产效率才会选择出口。梅利兹(2003)模型是相关研究的经典代表,该模型的主要思想是,微观异质性会对企业的总体绩效和表现产生影响。随着运输成本或贸易政策壁垒下降,生产效率高的出口企业得以生存及扩张,反之生产效率低的非出口企业则会收缩或退出。像这样对企业间经济活动的重新分配使总生产率得以提高,这得益于经济全球化所带来的影响,而在以往基于比较优势和消费者喜好多样性的国际贸易理论中,这种影响大多被忽视了。

3.1 参与国际贸易的企业

传统的国际贸易理论主要是指比较优势(comparative advantage)理论,把不同国家和行业的生产机会成本差异作为国际贸易的基础。在这些理论中,国际贸易分析的是不同的国家专注于不同的产业和出口的产业间贸易形式。新贸易理论则将研究重心转向了提高规模收益,并将消费者对产品多样化的喜爱作为基础。当技术差异和要素价格的跨国差异在可接受的范围内适当增大时,它们能对各国及各行业的贸易模式做出相对合理的解释。20世纪80年代末和90年代以来,随着公司和工厂的微观数据越来越多,行业内生产者实际存在的异质性,在规模、生产率、资本和技能密集度以及工资水平方面表现得非常明显,一些实证研究开始对企业的异质性、贸易参与度等因素进行探索。

3.1.1　出口市场参与度

伯纳德和詹森（Bernard and Jensen，2001）对美国制造业进行研究，其结果表明，一个行业中仅有小部分企业出口是一种较为典型的情况。在总出口份额中，美国制造业占比18%，相对来说比较小。但是，制造业中各个行业的出口市场参与率差异显著：从计算机和电子产品到服装，出口商占比在8%~38%不等。在全部出口货物量中，这些公司所占的比例也比较小。在整个制造业中，出货量的平均份额占14%。但是，在不同行业之间同样存在着实质性的差异：从计算机行业到饮料行业，比例在7%~21%。此结果由美国的数据得来，而同样在许多其他国家也有了类似的发现（Edwards et al.，2018）。

3.1.2　出口商特征与出口成本

大量微观数据研究表明，出口商不仅数量少，而且与非出口商之间还存在系统上的不同。研究证实在拉丁美洲的制造业工厂中，出口商的规模更大、有更高的技能和资本密集度以及更高的生产效率（Furtado，2018）。出口商比非出口商具备更高的生产率，引发了研究者对因果关系方向的思考：是高生产率促使企业自主选择进入出口市场，还是企业通过出口学习促进了生产率的增长？一些研究从许多行业和国家的大量研究中可以得知，高生产率是进入出口市场的先决条件，只有生产效率最高的公司才能有更高的真实利润，而出口意味着进入出口市场的沉没成本（Impullitti，2018）。芬斯特拉（Feenstra，2018）利用墨西哥、哥伦比亚和摩洛哥的数据进行了研究，并未发现证明出口商和非出口商在生产率增长上存在差异的有效证据。然而，一些研究发现了企业进入出口市场后生产率提高的证据，如梅利兹（2003）的研究表明，进入出口市场可能会促使其他互补性投资回报增加。

3.1.3 自由贸易与生产效率

一般而言，研究者们认为贸易自由化影响总体经济效率的渠道包括以下五方面。第一，贸易自由化使消费者可以选择的产品种类范围有所扩大；第二，贸易自由化促进贸易成本降低，使行业内的生产效率也有了潜在的增长趋势；第三，贸易自由化改革通常伴随着出口市场中低生产率企业的收缩和退出以及高生产率企业的扩张和进入；第四，贸易自由化推动产业内资源的重新配置，产业平均生产率得以提高；第五，贸易自由化可以产生促进竞争的效果，通过更低的平均成本和更低的平均加成来降低平均价格，价格的下降反过来又提供了福利增进的来源。

在贸易自由化的背景下，帕夫尼克（Pavcnik，2002）发现在总生产率增长的19%之中，有2/3来自较大的经济体和高产量的企业。关于发展中国家贸易自由化改革的大量研究也得出了类似的结果。在这些研究中，资源在行业内的再分配往往主导着其跨行业的再分配（Topalova，2011）。

贸易自由化通常是范围更广的"一揽子"改革的一部分，因此，当贸易壁垒降低的时候，有着更高生产率的出口公司可以获取更高的生产率收益。研究发现，印度尼西亚关税降低对工业生产率所造成的影响大约是对工厂生产率影响的两倍，这意味着市场份额重新分配对高生产率工厂是有利的（Amiti and Konings，2007）。

随着贸易自由化的推动，总生产率的增长也得益于另一个因素，那就是工厂或公司内部生产效率的提高。帕夫尼克（2002）研究发现，在智利进行贸易自由化的改革后，总生产率提高中约有1/3源自工厂内部生产率的提高。类似地,关于加拿大的研究表明,美加自由贸易协定使得加拿大制造业工厂的生产率有了 7.4% 的提高,或以 0.93% 的年均复合增长率提高(López-Córdova,2002)。

3.2 异质性企业与国际贸易

3.2.1 异质性企业

微观数据的可获得性使传统贸易理论受到了相应的实证挑战,这直接促进了国际贸易理论中针对企业异质性的研究。梅利兹(2003)的开创性研究将企业异质性引入克鲁格曼(Krugman,1980)的模型,为产业内贸易提供了一个灵活且易于操作的框架,该框架为分析国际贸易中的诸多问题提供了标准平台。梅利兹(2003)的研究显示,企业通过支付一定的入门成本进入一个行业,从而获取了相应的竞争地位。潜在的入门者自身的生产率存在事前不确定性,企业一旦支付了沉没成本,就可以获取相对固定的竞争优势,此后生产率保持不变。在垄断竞争的条件下,行业内的企业生产率水平呈现差异性,固定生产成本的存在意味着,生产率水平低于零利润生产率下限的企业利润将会是负的,这类企业将会退出所在行业。在这个模型中,影响产业均衡的重要因素是所有国家之间贸易壁垒的对称性降低,高生产率的出口企业通过扩大出口市场销售增加了企业收入。生产率最高的非出口商看到了进入出口市场的潜在利益,从而使得出口企业的比例有所增加。与此同时,生产率低下的企业退出出口市场,而那些幸存的仅服务于国内市场的企业出现收入的萎缩。在这些情况下资源都被分配给了生产率相对高的公司,并且由此改变行业的结构,进而达到总生产率的提高。

这一理论框架的形成，解决了来自微观数据的一系列经验挑战。结合企业异质性和固定出口成本，不难看出出口企业只占一小部分，而且其生产率较非出口企业更高一些。出口企业的生产优势表明，企业的出口是自我选择的结果，而不是企业试图通过出口学习。最重要的一点，企业的自我选择确保了贸易自由化对高生产率和低生产率企业所造成的影响是不均衡的，以此来改变产业结构，提高行业总生产率。

梅利兹（2003）假设替代偏好的弹性是恒定的，这保证了价格对边际成本的恒定加价，艾德林顿和迈卡尔曼（Ederington and McCalman, 2008）进一步假定异质性模型中企业加价是内生的，因此，贸易自由化可以在边际成本之上通过较低的价格加成来降低公司的定价，从而形成有利的竞争。在该模型中，加成的可变性意味着具备一定生产率的公司在国内和出口市场中获取的加成可以是不同的。莱丁（Redding, 2011）将异质企业纳入赫尔普曼和克鲁格曼（Helpman and Krugman, 1985）的标准贸易模型中，这一新的分析框架为一系列问题提供了解释：为什么某些国家在某些行业的出口多于其他行业；为什么在产业内存在双向贸易；为什么行业内一些公司出口而另一些公司不出口；等等。

3.2.2　多产品和多出口地企业

国际贸易集中在少数公司中是国际贸易数据显示出的一个重要特征事实。较大的出口商不仅能向特定出口对象输出更多的产品，而且能够向更多的出口对象输出特定产品，这是国际贸易集中的一大原因。基于对梅利兹（2003）框架的概括，布兰斯德特等（Branstetter et al., 2014）开发了多产品、多贸易对象的模型，以分析公司在产品和出口对象的众多利润范围内的决策。一个企业若要进入市场，则必须承担一定的沉没成本，这也正是企业实力的体现。而后，企业对一系列产品和出口市场做出选择。企业是否能够盈利由其自身能力（通常是产品间的互动）与企业产品属性之间的相互作用所决定，这些属性在产品之间是特殊的，同样在出口地之间可能也是如此。公司在向每个市场提供服务和产品时都要承担一定的成本，能力强的企业能够以较低的产品属性价值覆盖产品固有成本，从而获得足够的可变利润并且向外提供更为广泛的产品。对于那些能力低的企业来说，在小范围的盈利产品中，产品固定成本以外的可变利润并不能覆盖服务于市场的固定成本，因此，这时企业无法进入市场。如此一来，能力最高的公司选择出口，能力中等的企业只服务于国内市场，能力最低的企业则会从市场中退出。在出口企业内部，最差的一部分产品被供应给国内市场，而最佳的那部分产品被出口到体量最庞大的市场。

标准异质性企业模型强调企业间的选择，而多产品企业模型则与之相反，强调的是企业内部的选择。一系列的实证研究均发现贸易自由化对企业内部生产会产生影响，可见企业的内部选择为上述现象提供了一个潜在的理论解释，因为贸易自由化会促使企业淘汰那些失败的、生产率较低的产品。多产品企业模型所强调的扩展边际（extensive margin）对弄清总体经济关系背后的机制具有重要意义。国际贸易中越来越多的理论和实证文献研究了多产品、多出口地企业的各种影响。伯纳德等（2011）以及鲍德温和顾（Baldwin and Gu，2009）利用美加自由贸易协定的数据，为贸易自由化后的产品路径选择提供了实证证据。桑切兹（Sanchez，1995）提出了一种柔性制造模型，在该模型中，每个企业在生产偏离其核心竞争力的产品时都面临着边际成本上升的问题。相对于市场而言，如果企业规模较大，则面临着一种蚕食效应，新产品的引入降低了对公司现有产品的需求，指出企业可以以每种产品的质量和整体品牌进行内生性投资。他利用墨西哥贸易交易数据，对模型做出的产品价格与销售排名间关系的关键预测提供了实证证据的支持。

在伯纳德（2011）的研究中，企业面临的是一种产品阶梯，每生产一个额外品类,生产率和产品质量就会离散下降。再结合可变加价,就形成了一个预测,即在竞争更激烈的市场中,企业更倾向于销售高生产率和高质量的产品,法国出口数据强有力地支持该模型的预测(Katz and Shapiro,1994)。研究发现,市场供应品种的增加以及由此带来的市场进入成本,使得企业面临生产率下降的状况。他们为该模型做出的预测提供了证据支撑,即企业向市场出口的产品数量与每种产品的平均出口之间呈正相关关系。彼得拉夫(Peteraf,1993)的研究发现,企业组织能力越强,生产的产品越多,所有产品的边际成本也就越高,这表明,企业的扩展边际和集约边际呈负相关关系。

上述大部分研究都专注于多产品企业在既定时间点的出口产品及出口地的决策,同时相关证据也表明,企业产品进入或退出市场对企业、行业和总体动态都会产生影响。布兰德特等(Brandt et al.,2012)的研究认为,一些企业增加或减少产品对总产出的贡献与企业进入或退出市场的贡献大致相同。一个产品在一个企业被放弃的概率与一个企业退出市场的概率表现出相同的时间和规模依赖模式,再分配的重要性可能比人们想象的还要大,这是由于,它不仅发生在企业内部的产品中,还发生在企业间的产品中。

3.2.3 进口商特征

早期关于国际贸易中企业异质性的实证文献几乎只有企业的出口记录,因为只有出口信息被记录在国内生产或制造普查中。近年来,研究者们通过使用公司级贸易交易数据,开始对企业进口行为的异质性进行研究。企业进口显示出许多与企业出口相同的特性。研究发现,美国制造企业的进口比出口要少得多,而且不同行业之间也不尽相同(Bernard et al.,2007;2012)。出口和进口企业在各行业的份额呈明显的正相关。

在所有的出口商中，约有41%也同时进口，同样地，在所有的进口商中，约79%也同时出口。出口企业所占份额与产业技能强度呈正相关，而进口企业则是相反，其所占份额与行业技能强度呈负相关，只是相关性不显著。

进口商在许多性能差异上表现得与出口商相同。与非进口商相比，进口商规模更大，生产率、支付的工资以及技能和资本密集程度都更高。参与国际贸易的企业与不参与国际贸易的企业间的绩效差异是由进出口企业共同驱动的，这些企业表现出与国内企业最大的业绩差异。这些研究充分说明，贸易自由化最可能为行业内规模最大、生产率最高、技术和资本最密集的企业带来利益，这不仅仅是凭借进入出口市场机会的增加，也是凭借改善进口中间投入品的可得性。虽然关于贸易自由化对生产率影响的实证研究通常集中于降低出口市场的关税水平，但近期有相关证据表明，生产率提高的另外一个重要原因就是进口中间投入品的关税的降低。阿米蒂和柯宁斯（Amiti and Konings，2007）利用印度尼西亚的制造业普查数据进行的分析表明，进口关税可能会通过各种渠道对生产率产生影响，例如学习国外技术、扩大生产环节中的各项中间投入品或者是提高中间投入品的质量。印度于20世纪90年代初推行了贸易自由化，针对印度的研究也发现中间投入品的进口增长中，约有2/3是由新进口产品的巨大利润率贡献的。对于关税削减幅度较大的行业，总价值增幅和价格下降幅度较大，各种进口中间投入品扩大幅度也较大。新的中间投入品扩大了公司的技术可能性，也使企业的生产范围进一步扩大。李和布莱克力（Leigh and Blakely，2016）提到了公司内进出口活动的存在表明了生产分散化理论的相关性，其模型表明企业可以跨国界组织生产活动。使用10个经济合作与发展组织和4个新兴市场国家的投入产出表，鲍德温（Baldwin，2006）估计纵向专业化约占各国出口的20%，1970~1990年增长率达到30%。

3.2.4 国际贸易中介

在传统国际贸易模型中,消费者直接向外国生产者购买进口产品,而现实中则多是企业进口,企业进口的普遍性推动了对贸易中介(如批发商和零售商等)在贸易中的作用的研究。伯纳德(2010)利用美国关联公司交易数据库的数据,研究了批发商、零售商与其他类别的美国参与贸易的公司之间存在的差异,虽然批发公司分别占了出口商和进口商的35%及42%,但它们在出口额和进口额中分别只占了8%和15%。零售商没有批发商那样普遍,且规模也比批发商要小,分别占出口商和进口商的9%和13%,但只占进出口总额的1%。相比之下,经营批发或零售及其他行业的企业大约只占进出口企业的5%,但他们的出口额和进口额分别占了60%以上和50%以上。因此,绝大多数贸易都是由在数量上相对较少的垂直贸易商进行的,这些贸易商在公司范围内整合批发和零售活动。

庞赛特等(Poncet et al.,2013)、阿赫恩(Ahn,2011)分别利用中国的贸易交易数据研究贸易中介,他们提出了不同的贸易中介的定义,即基于公司名称中所包含的"进口商""出口商"及具有以上含义的名词,这一类型的贸易中介公司在中国出口额中约占了22%,合计约1 680亿美元。他们的研究发现,规模相对较小的公司利用贸易中介进行进出口,因为这些公司自身无法克服直接向国外市场出口产品而产生的固定成本。布拉姆等(Blum et al.,2011)分别利用智利和哥伦比亚的进出口贸易匹配数据研究贸易中介问题。他们的研究表明,智利和哥伦比亚之间的双边出口和进口分布在不同企业之间存在较大差异,这一点与前文讨论的美国贸易集中度相一致。在所有出口商中超过半数的出口商固定向一个进口商售卖产品,而第99个百分位的出口商向19个进口商出售产品。同样,在所有的进口商中超过半数的进口商只从一个出口商进口产品,而第99个百分位的进口商同时从9个出口商进口产品。更为一般地，虽然交易的一方可能很小，其很少与其他交易者进行交易，但交易的另一方通常情况下会很大，并且其同时与许多其他交易者存在交易。这种结果所呈现出的模式与有效交易涉及大贸易量的观点是一致的，这可以通过小进口商与大出口商匹配或者小出口商与大进口商匹配来实现。

国际贸易过程中所面临的一个关键问题是贸易成本。异质性企业理论和国际贸易理论假定存在固定或者可变的贸易成本，但对这些成本参数所包含的内容却知之甚少。关于国际贸易中介的文献，在对从生产到消费所涉及的决策链的理解上有了初步的深入。实证研究表明，这些贸易和分销网络对国际贸易中的各种问题可能非常重要。

3.2.5 国际贸易中的跨国公司

跨国公司在全球经济中处于重要的地位，易普勒（Yeaple，2003）的研究表明，美国90%以上的贸易都来自跨国公司。跨国公司拥有庞大的海外子公司网络，则这些子公司的销售可能会令其余的国际贸易流量相形见绌，关于跨国公司贸易流量的研究往往与国际直接投资相联系。卡沃斯（Caves R. E.，1996）的研究集中于企业的横向外国直接投资，其模型假定企业将在产生出口固定成本或建立海外子公司固定成本之间进行选择。如果同出口固定成本相比，外国直接投资的固定成本足够高，则生产率最高的企业通过外国直接投资向国外市场提供服务，生产率处于中间水平的企业对外出口，只有生产率处于较低水平的企业服务于国内市场。根据帕累托生产率分布，相对于出口而言，帕累托生产率分布的形状参数呈下降趋势，这正体现了外商直接投资作为服务国外市场的模式选择。与此预测相一致，一些研究表明，在公司销售分布中，外国子公司销售额占国外市场销售总额的比例较大。

凯勒和易普勒（Keller and Yeaple，2009）利用美国经济分析局关于美国公司及其海外子公司的微观数据，进一步论证了异质性企业和外国直接投资的理论。生产率越高的美国企业，其子公司所覆盖的国家也就越多，这些子公司从其所在国家的销售中获得了更大的收入。随着一个国家对美国跨国公司的吸引力越来越大，它也将逐步吸引那些规模较小、生产率较低的企业。考虑到观察到的美国市场份额的分散性，进入外国市场的公司数量的分散性比模型预测的要小。大型企业在国外的投资较少，小型企业在国外的投资较多，在最不具吸引力的地方，最大的企业所占比例不足。玛诺瓦和张（Manova and Zhang，2015）利用多国数据表明，跨国公司的总销售额和外国子公司的数量都随着距离的加大而下降，尽管它们对距离的敏感性不如出口。这种引力方程关系与横向直接投资的简单模型是不一致的，横向外国直接投资作为一种服务于国外市场的模式，在贸易成本增加的情况下应该更具吸引力。

3.3　国际贸易中的产品特性

国际贸易研究由于详细、系统、全面的产品商品编码和分类系统（如目前的 HS 编码系统可以细致到 12 位），使得微观研究中对于产业和产品的研究可以非常深入细致。即使非常狭义类别的产品，也可以透过海关统计数据给予长期跟踪分析，以了解其在贸易伙伴中的流向、分布和规模的巨大变化。此外，越来越多的国际贸易文献认为，同一类别产品的价格差异反映了贸易伙伴间产品质量的差异，如楼（Low，2016）提到了关于产品质量在解释双边贸易模式中的作用的证据。除此之外，一个国家的资源禀赋同相关产品的价格也有着密切的关系。如果一个国家的资本和技术比较丰裕，资本和技术丰裕的国家可借助于禀赋优势来提供更高质量的产品，同时随着产品质量的提高，产品价格也将上涨。

许多论文利用微观数据对价格变化与公司层面的贸易模式之间的关系进行研究。例如，阿赫恩等（2011）利用中国贸易交易数据来突出显示一些系统特征，包括企业、产品和进出口公司，其与产品质量的异质性均保持一致。出口价格较高的企业在对外出口特定产品时，能够获取更高的收入，在世界范围内拥有更大的销售额，能够出口到更广泛的市场。在不同的出口地，对于那些更富裕、更大、双边距离更远的国家，企业会将产品价格定得更高。出口企业需要支付更高的投入品价格，并从更多国家获得投入品。综上所述，这些数据特征与异质企业模型所描述的相一致。异质企业模型中，更成功的出口商能够使用更高质量的投入从而生产出更高质量的产品，而企业提供给不同出口地的产品质量也有所不同。泰伯特（Tybout，2001）利用制造业普查数据，对于各公司产品质量差异这一现象给出了相应的证据，并强调了企业出口和进口决策之间的关系。在所定义的规模狭窄的行业中，就产出而言，大公司收取比小公司更高的费用，同时，它们对投入品支付更高的费用，类似的差异也存在于出口商和非出口商之间。即企业内生地选择投入品和产出品的质量，投入和产出质量两者是相辅相成的。

梅利兹（2003）对替代偏好弹性和垄断竞争的假设认为，企业生产率和产品质量是同构的，它们在进入均衡企业收入的方式上表现得完全相同。一些研究者试图用企业间价格差异来对生产率和产品质量进行区分，这么做的依据是，价格随生产率的提高而下降，随产品质量的提高而上升（Kekr and Srinivasan，1990；Geroski，1995）。企业对外提供不同水平层次的差异化产品种类，而消费者偏好对于所有不同的产品对称地产生效用，这就意味着对衡量不同产品间单位数量的选择。

单位价值的使用可能会夸大产品质量在决定出口模式中所起的作用，因为除了产品质量以外，价格还受其他许多因素影响。比如，在保证一定质量的前提下，高效率公司可能会认为对其产品收取一个较低的价格是比较合理的。此外，消费者在购买商品时，购买数量是由经过质量调整后的价格所决定的，故而两家公司若商品定价相同但市场份额不同，这两家公司销售的商品质量必然不同，特别是那些凭借价格优势出售大量产品的大公司被划分为优质生产者。卡汉德瓦尔等（Khandelwal et al.，2011）利用汇总贸易数据，对大量国家样本的出口产品质量进行评估。他们发现，质量差异化范围相对较小的市场，与低工资竞争导致的较大幅度的就业和产出下降有关。同样，柯萨克（Kosack，2003）对多个国家的出口质量进行了估计，发现出口质量与人均收入相关，但同时却发现出口质量水平在趋同，人均收入却没有趋同。最后，研究者将价格和出口状况分解为质量和效率的差别，发现出口商品的价格随质量的提高而上升，随生产率的提高而下降，但出口选择主要由质量所决定（Bastos and Silva，2010）。

3.4 公司内贸易的理论研究

跨国公司不仅在国际贸易流量中占主导地位，而且还在公司范围内承担大部分贸易。当跨国公司组织海外生产时，外国子公司可以专注于母公司的不同生产阶段（垂直外国直接投资），也可以在不同地点（水平外国直接投资）进行相同的生产活动。而企业的投资和贸易决策取决于生产成本和交易费用之间的取舍，也与国家、产业和产品的特征相关。

3.4.1 公司内贸易的两个研究方向

公司内贸易理论分析的第一个方向与不完全合约和要挟问题相关，

以安特拉斯（2003）、格罗斯曼和赫尔普曼（Grossman and Helpman，2003）、安特拉斯和赫尔普曼（2004）为代表。他们的研究主要侧重于企业的微观选择模型，以一个南北贸易模型为核心，强调企业在面临不同的交易成本时进行的生产决策。因为进行保持距离型交易将会面临要挟成本，而进行对外直接投资则会产生包括前期投资的沉没成本在内的多市场运营成本。要挟成本的产生可能与产品有关，这就集中于所谓的产品可合约性。如果产品的可合约性较高，则更易于进行一般贸易或者外包，如果产品的可合约性较低，则可能会进行内部化，即直接投资设立子公司之后进行公司内贸易。一般认为中间产品的可合约性较低，容易产生要挟问题，从而导致更大可能的公司内贸易，而最终产品的可合约性较高，可能没必要进行公司内贸易，因此，可以将中间产品作为可合约性的衡量指标。此外，技术和资本密集型产品有着更低的可合约性，劳动密集型产品则易于合约化，易于进行直接外包生产或者进口。交易成本与国家的合约实施机制有关，如果一个国家的制度能够有效地保证合约的顺利实施，则倾向于进行一般贸易或所谓的保持距离型交易，如果国家的制度体制不够完善，则倾向于进行内部化交易，在均衡条件下，公司会根据成本和收益进行决策，选择最有效率的生产组织模式。

理论分析的第二个方向以梅利兹（2003）的企业异质性理论为基础，伯纳德等（2003，2006）在其模型中引入异质性企业，企业存在不同的生产率差异，从而导致企业的生存能力和决策方式不同，因此最有效率的企业会选择对外直接投资，效率次之的企业会选择出口，效率更低的企业只能在国内生产，而效率最低的企业只能被市场所淘汰。从这个意义上来讲，由于存在企业的异质性，因此不同的企业会做出不同的选择，那些最有效率的企业会选择对外直接投资、设立子公司并且从事公司内贸易。

3.4.2 格罗斯曼和赫尔普曼（2003）模型

当一家公司面临很多种选择如内部生产、国内外包、国际外包时，为什么有些企业仍然会选择进行公司内贸易？在这方面做出理论性开拓研究的是格罗斯曼和赫尔普曼（2003），在他们的一系列研究中，通过产业均衡分析建立了企业寻求全球生产配置的模式。其中，格罗斯曼和赫尔普曼（2002a）研究了企业的国内外包和国际外包的模式选择；格罗斯曼和赫尔普曼（2002b）研究了外包和企业生产之间的模式选择；格罗斯曼和赫尔普曼（2003）进行了国际外包和对外直接投资的模式选择的对比研究。在这个模型中，假定最终产品的生产者（以 A 表示）在北方，由于南方国家的工资水平较低，所以可以获得比较便宜的投入要素，因此 A 面临两个选择：一是从南方国家的供应商那里直接购买（保持距离型交易或者国际外包），这意味着较低的投入，但需要同专业化的南方供应商（以 C 表示）签订合同，面临的困难是合约的不完全和合约实施环境的不完善；二是自己设立子公司进行一体化生产，然后通过公司内贸易进口，这意味着 A 要进行更多的前期投入。企业 A 在进行决策的时候是基于两种生产模式下的生产率差异、产业规模、合约不完全的程度、工资水平差异和企业的相对规模，考虑产业均衡条件下的生产组织模式。

模型的具体内容如下。

假定产品在北方国家设计，其设计成本为 wf_n，其中，w 是北方国家的工资水平，f_n 是需要的劳动数量，使南方国家的工资水平标准化为1，消费者的边际消费倾向为 β，南方国家和北方国家的总收入为：

$$I = wL_N + L_S$$

对任何一种差异化产品的需求为：

$$y = Ap^{-\varepsilon}$$

其中：
$$A = \frac{\beta I}{\int p(j)^{1-\varepsilon}dj}$$

其中，p 是 j 产品的价格；$\varepsilon > 1$ 是需求弹性。

如果 A 公司选择进行一体化生产，则意味着在南方国家的子公司 B 不需要支付产品的固定成本，只需要对每单位的产出投入 $\lambda > 1$ 单位的劳动，即一体化生产者的边际生产成本是 λ。

再来看看从供应商那里购买的情形，假定供应商的数量为 m。供应商为了能够生产出 A 公司所需要的产品类型，必须进行一定的投入来开发生产模型，这一先期的固定成本假定为 f_m。

这一先期投资的规模取决于两者之间的技术差距，如果供应商原本拥有的技术与 A 公司所需要的不同，则供应商需要更多的投资，假定双方的技术差距为 x，则 μx 是适应成本。

不完全合约的定义如下，假定双方只能签订一份不完全的合约，覆盖最多 $\gamma < 1/2$ 的任务，研究者们通常把 γ 看作是反映东道国法律体系的指数，或者适应技术的技术特征。

令双方进行外包生产的联合利润为 S，这一利润需要 A 和 B 平均分配，双方的预期利润为 S/2。

供应商进行前期生产以开发模型的前提条件为：$\mu x(1-\gamma) \leq S/2$，即只要预期利润超过前期投资，则供应商会进行前期投资，以使自己的技术类型与 A 公司要求的一样。

进一步地有：

$$p(x) = \begin{cases} 1/2\mu x & S/2\mu < x \leq S/2\mu(1-\gamma) \\ 0 & \text{otherwise} \end{cases}$$

当双方达成一致要进行合约外包时，需要进一步洽商产品供应的价格和数量等。边际成本为 1 的商品价格为 $p = 1/\alpha$，而 $\alpha = 1 - 1/\varepsilon$，双方联合的利润最大化函数为：

$$S = (1-\alpha)A(1/\alpha)^{1-\varepsilon}$$

接下来讨论 A 企业的决策选择，如果生产者 A 选择在外国子公司进行生产，其边际成本为 $\lambda > 1$，纵向一体化企业设定一个利润最大化的价格为：

$$p_v = \lambda/\alpha$$

而且达到了运行利润 $s^v = \lambda^{1-\varepsilon}S$。

最终产品生产者 A 面临的是自己生产零配件还是从外部购买，当企业的距离 $x > s/2\mu(1-\gamma)$ 时，将会选择自己生产，因为现有的供应商不愿意进行关系型投资，有潜在供应商的企业有专业化的技术，同时更加靠近需求方，他们将面临选择：一是利润 S^v（自己生产）；二是利润 $S/2 - p(x)$（协议）。

假定 $\lambda^{1-\varepsilon} < 1/2(1-1/2(1-\gamma))$，同时南方国家与北方国家的距离为 $x = S/2\mu(1-\gamma)$。此时所有在 x 之内的企业将会进行外包生产，意味着 A 愿意进行相关的投资，设立子公司 B 进行内部化生产，边际利润为 $P(x) + S/2$。

$$\text{总利润 } \pi_m = 2n\int_0^{x^a} (P(x) + 1/2S - \mu x)dx$$
$$= \mu(x)^2 n(1 - \gamma - 1/2\gamma^2)$$

在均衡条件下，利润与发展技术的固定成本相等。

3.4.3 安特拉斯和赫尔普曼（2004）模型

随着关于企业的微观数据越来越多，经济学家们普遍开始关注企业的异质性，即一个产业内企业的生产率、规模及利润率等内在差异，并且将其与企业的贸易行为结合起来。异质性企业理论与国际贸易理论的结合在很大程度上拓展了国际贸易理论的视野,使市场规模的作用、引力模型、贸易流向等宏观分析可以与微观层面的产业和企业特征结合起来,进行量化分析(Redding, 2010)。伯纳德和詹森(Bernard and Jensen, 1995、1999)的开创性研究表明,异质性与贸易参与有着系统性的关联,在同一产业内,有些企业出口而另一些企业并不参与出口,在出口企业中,出口规模也有着较大的差异。一般而言,出口商越大、生产率越高,支付的工资越高。

安特拉斯和赫尔普曼(2004)讨论了企业的异质性与企业的外包选择,当一家企业决定进行海外生产时,它需要决定是选择离岸外包还是直接投资,离岸外包意味着较低的固定成本,但是收益中的相当一部分要分给供应商,而一体化会带来较高的固定成本,但企业有更强的谈判能力,并且能够获得更高比例的收益。他们的研究把中间产品分为组件密集型(component-intensive)和总部服务密集型(headquarter service intensive)两种,前者指生产更多需要标准化的零部件,而后者指产品生产需要更多的公司服务的投入,因此,前者更多地会选择进行外包,而后者会进行公司内贸易。另外,只有最有效率的企业才会选择直接投资,然后进行公司内贸易,因为只有最有效率的企业才能应对更高的固定成本。

3.4.4 安特拉斯(2003)模型

安特拉斯(2003)的研究中将产品分成了中间产品和最终产品,最终产品的生产者和供应者共同承担中间产品投入中的资本投资,如果中间产品是劳动密集型的,则可能采取外包的形式;如果中间产品是资本密集型的,则最终产品的生产者愿意承担大部分的投资,进行内部化生产。安特拉斯(2003)的结论是对于资本密集型产业来说,公司内贸易的比重会更高,资本要素丰裕的国家,将在资本密集型产业中更多地进行直接投资,进而进行公司内贸易。

3.5 公司内贸易的实证分析框架

公司内贸易的研究以实证研究为主,其主要内容是利用可获得的数据来验证前述的理论假定和结论,以美国的研究为多,也有一些研究基于OECD国家的可获得数据,这主要是因为发展中国家的公司内贸易数据仍然较难获得,主要以OLS回归和probit回归进行。关于跨国公司内贸易实证分析分为以下三个层面:一是从外部环境或者宏观环境来解释公司内贸易的发生、发展及动因,分析国家特征(要素禀赋、制度环境、宏观冲击等)对公司内贸易的影响;二是基于产业或者产品的特点而推测更容易进行公司内贸易的产业类型或产品特点,研究公司内贸易与产业技术特征的关系;三是利用更加详细的微观数据,进行企业层面的回归分析,以判断企业异质性等指标与公司内贸易的关系。

宏观层面的研究大多关注在怎样的外部环境下公司更易于进行公司内贸易,或者公司内贸易有哪些障碍。主要包括两个方面:一是与产业或者产品特性相关联的国家的要素禀赋;二是关心合约的实施环境、法律的完善程度等(见表3.1)。

表3.1　　　　　　　　公司内贸易的研究视角

项目	企业	产业/产品	国家
要素	企业异质性	要素密度	要素丰裕度
合约	进入/退出	可合约性(中间产品、总部服务密度、显现可合约性)	合约的实施机制

资料来源:笔者整理。

一方面是关于产业或者产品特征的实证分析，伯纳德等（2010）的回归方程如下：

$$IF_{pc} = \theta + \alpha X_p + \beta Z_c + \gamma(X_p Z_c) + \varepsilon_{pc}$$

这一回归方程包括了产品特征（X_p）、国家特征（Z_c）和它们之间的相互影响（$X_p Z_c$），并且他们的分析将公司内进口占总进口的比率（集约边际）和扩展边际（当存在公司内进口时虚拟变量等于1）作为被解释变量，分析了关于产品特征（产业资本密集度、产业要素密集度）、国家特征（国家资本丰裕度、国家技术丰裕度、贸易和 FDI 保护），以及产品特征和国家特征的交互影响。研究的主要结论是：（1）产业的技术密集度越高，公司内贸易比重越高，这种情形在技术稀缺的国家越加明显；（2）国家的技术越丰裕，则公司内贸易的比重会越低；（3）来自资本丰裕国家的产品的资本密集度越高，公司内贸易的比重越高；（4）产品可合约性越高，公司内贸易越少；（5）好的治理环境将会促进相关方贸易，但如果建立子公司，公司内贸易并不一定会增加，这意味着治理环境好的国家，保持距离型贸易更加容易。

安特拉斯（2003）以一个最终产品生产者和中间产品供应者的模型进行了分析，分析中有一个侧面涉及对国家的资源禀赋的讨论。他的模型侧重讨论了中间产品的供应，引入了产权作为分析工具，他的结论是，资本要素丰裕的国家在资本密集型产品的出口也会较多，从而在资本密集型产业中拥有比较优势，为了克服所谓的要挟问题，进行公司内贸易的比重会较高。

另一方面是市场的合约环境、法律基础对公司内贸易的实施影响。一般情况下，进出口都可以通过契约来实现，如果契约比较难以签订，则可能是两方面的问题，第一种情况与产品有关，产品的复杂程度导致契约中难以把相关的内容都包括到合约中去，从而导致违约的可能性。而如果产品是中间产品或者特制的产品，或者产品是技术密集型的或者隐含有很多的知识,则更容易出现要挟的情形。第二种情况则与国家有关,如果一个国家的制度环境不利于合约的顺利实现,或者保证合约实施的成本较高,公司会更倾向于将交易进行内部化,通过直接投资设立子公司,并且进行公司内贸易。公司的一体化可以有效地防止这种要挟问题的出现,然而公司不论是在一体化前期的市场考察还是一体化过程中以及之后,仍然有较高的谈判成本和交易费用。而要挟问题可能由于直接投资而转化为锁定问题。

关于合约实施环境的问题涉及一个国家的制度环境,如果国家有较好的合约环境,那么对于相同的产品,则可以更多地进行离岸外包而不是公司内贸易,因为公司内贸易涉及更高的固定成本(Grossman and Helpman, 2003)。然而,实证数据显示出不同的规律,一般来说,发达国家有着更好的合约实施环境,因此,发达国家之间的公司内贸易比重应该相对较低。但现有数据表明,发达国家之间的直接投资规模更大,而发达国家之间的公司内贸易比重也显著高于发达国家与发展中国家之间的公司内贸易,这说明除了合约实施环境之外,公司内贸易有着更加复杂和广泛的影响因素。安特拉斯和赫尔普曼(2008)指出,合约环境的改善会同时增加公司内贸易和保持距离型交易,最终会选择进行外包生产还是公司内贸易,取决于最终产品的生产者是否要投资,以获得更多的收益。如果供应商提供的投入品具有更高的可合约性,则对其的约束会降低,在这种情况下,一体化和公司内贸易会增加。

伯纳德等(2010)重新定义了产品的可合约性,他们采用了批发商进口某种商品的程度,作为产品可合约性的指标,其研究发现,如果产品的可合约性较高,则公司内进口比例较低;并且如果国家有更弱的治理能力(合约的实施环境),则这种效果更加明显。努恩和特莱夫勒(Nunn and Trefler, 2008)发现,在关系特定型(relationship-specific)产业中,从法律规则更强的国家进口的公司内贸易的比例更高。根据安特拉斯和赫尔普曼(2008)的产权模型,这意味着合约实施环境的改善,将会增加最终产品生产者进行一体化的驱动力。伯纳德等（2010）还利用贸易和国际直接投资保护的指标作为国家特征中的一个指标，他们的结论是：贸易和投资保护较少的国家，公司内贸易的比重不一定高，这意味着好的制度环境会使保持距离型贸易变得更加容易。

第4章

公司内贸易与企业组织模式

4.1 企业的组织模式选择

纵向直接投资和横向直接投资的区别是研究公司内贸易相关文献的核心，这一区别有助于我们理解公司内贸易的原因。跨国公司的对外直接投资分纵向直接投资和横向直接投资，如果子公司与母公司完成不同的任务，称为纵向直接投资；如果子公司与母公司进行同样的活动，则可以称为横向直接投资。以汽车产业为例，纯粹的纵向直接投资的例子是在外国建立一个工厂，该工厂生产发动机，而这种发动机仅用于母公司的产品制造。纯粹的横向直接投资指的是在外国建立一个生产汽车的工厂，其产品仅在东道国销售。从东道国的角度来看，纯粹的纵向直接投资涉及很多中间品的出口，例如将发动机出口到母国进行组装；而横向直接投资会涉及大量中间品的进口，例如进口发动机并装配成汽车，并在东道国销售。

由于越来越多的跨国公司其生产安排和运营活动越来越复杂，传统上关于横向直接投资和纵向直接投资的区分已经变得不太清晰，因此，联合国贸发会议（UNCTAD，1996）有了所谓复杂一体化策略（complex integration strategy）的定义，许多大型跨国公司不仅进行纵向直接投资和横向直接投资，而且还进行所谓的平台型直接投资，即设立子公司专门用于出口。此外，各种类型的直接投资是互相依赖的。例如，一个横向直接投资的决策不可能与纵向直接投资的决策相独立，而且在不同的生产阶段会对企业的投资决策带来不同的影响。

4.1.1 横向直接投资

假定横向直接投资指的是所有的生产环节都在东道国完成，出口指的是所有的生产环节都在母国完成，因此，横向直接投资取决于投资者的权衡决策。

考虑在外国收购一家子公司，其目的是服务于东道国的市场，这一投资的动机被称为市场准入驱动，这将成为过去出口的替代品。例如，一个日本的汽车生产商可以选择直接将汽车出口到美国市场，也可以选择进行横向直接投资，在美国成立一家汽车工厂，专门生产汽车投放美国市场。企业的决策受到以下因素的影响：将汽车从日本运往美国的运输成本；在美国建厂的成本；在美国市场的预期销售。前面两个因素就是所谓的地理靠近—集中权衡（proximity-concentration tradeoff），通过投资建厂来节省运输成本，或者通过出口来节省建厂成本。换句话说，靠近消费者能够节省出口成本，将生产集中在母公司可以节省建厂的固定投资成本。

根据赫尔普曼（2006）的模型，在生产的初级阶段出口更加有利可图，但当需求水平达到一定的阈值时，设立工厂会变得更加划算，也就是说，在这个时点上，企业应当选择进行横向直接投资。大多数情况下，需求水平取决于东道国的市场规模，也就是说，对于市场规模较大，或者预期市场规模较大的国家，或者一个较大市场区域的中心国家，可以选择横向直接投资。此外，有些产业有着更高的固定成本，导致利润水平较低，这对于企业的生产规模要求更高，应该选择对外直接投资。对于那些有更高的出口可变成本的产业，出口利润曲线更加平缓，在这个意义上，需要在子公司有更高的销售额。总的来说，更高的出口壁垒会提高子公司的盈利能力，更高的直接投资固定成本会提高出口的盈利能力，最终的决策是两种盈利能力的取舍和权衡。在现实社会中我们发现，日本的汽车厂商在1973年石油危机之前向美国出口汽车，但在1973年之后，由于美国对自己汽车市场的保护政策，日本的汽车厂商开始在美国投资设厂，这种现象被称为"地理靠近—集中权衡"中的关税跳跃现象。

在关于可变贸易成本与固定投资成本的对比研究中，布莱恩纳德和里克（Brainard and Riker，1997）研究了美国对于27个国家的投资，他们发现，在固定成本较高的行业中，美国公司更多选择出口；当运费较高以及关税较高时，美国公司则较少选择出口，更多选择进行直接投资。易普勒（2003）的研究表明，在市场规模更大的时候，出口较少，投资较多。

如果考虑到企业的异质性，则不同的企业会面对不同的成本、收益以及生产规模，可以做出不同的选择。当可变的出口成本逐步升高时，企业更加倾向于选择直接投资，有些效率最高的企业开始选择投资设厂。随着出口可变成本的进一步提高，越来越多的企业会选择"走出去"，这一预测与现实中的场景是完全一致的。易普勒（2006）的研究表明，生产效率最高的美国公司会向更多的国家进行投资，设立子公司，它们的生产率更高，因此，在东道国的收益也会更高。此外，有更高的人均收入的国家对于美国的跨国公司也更具有吸引力，不仅因为这样的东道国有着更低的投资成本，也意味着这些国家有着更大的市场。

4.1.2 纵向直接投资

根据马库森（Markusen，1995）的研究，纵向直接投资指的是整个生产链条（production chain）被分解成不同的生产阶段，并且把这些生产阶段分布在不同的国家，这就意味着，有些生产阶段在母国完成，有些生产阶段在东道国完成。早期的研究者们将生产链条分解为总部服务和制造环节，总部服务包括管理、设计、研发，这些不同生产阶段的要素密集度是不同的，总部服务有更高的资本密集或者技巧密集。此外，一个总部可以被多个生产厂家所共享，这些生产厂家可以分布在不同的国家。大多数情况下，跨国公司会将总部设立在资本要素丰裕的母国，将制造环节设立在劳动要素丰裕的东道国。

纵向直接投资的主要动因在于不同生产环节的要素密集度要求不同，否则企业不会有动力进行跨国投资。纵向直接投资会带来贸易结构的变化，包括贸易流向的变化和产业内贸易的比例增加。特别地，因为制造移至海外，资本要素丰裕的国家会进口资本密集型商品，这一现象已经被里昂惕夫之谜所指出。伴随着纵向直接投资，如果国家之间的要素禀赋差异越大，则产业内贸易的比重会增加，同时，资本要素丰裕的国家更可能出口多样化的产品。当要素构成的差异足够大时，生产环节会移往劳动要素丰裕的国家，从而导致资本要素丰裕的国家成为差异性商品的净进口者。当这一贸易模式转换出现时，要素构成的差距会得到弥补。显然，纵向直接投资导致要素构成和产业内贸易之间的非单调关系。

纵向直接投资会导致公司内贸易，因为母国需要从子公司进口最终产品，公司内贸易占总贸易量的比例会随着要素构成差异的增加而不断提高。换句话说，公司内贸易的比重和两国间要素构成的差异有正相关关系。两国之间的要素构成差异越大，公司内贸易的比例越大；两国间的要素构成差异越小，公司内贸易的比例越小。

纵向直接投资的形成模式是：母公司出口总部服务给子公司，并出口中间品给子公司，同时从子公司进口最终产品。有些情况下，子公司可以出口产品到东道国，这样就形成了在横向直接投资中的情形。也就是说，在很多情况下，纵向直接投资与横向直接投资是交织在一起的。因此，公司内贸易往往可以作为衡量纵向直接投资的重要指标。汉森等（Hanson et al.，2005）的研究表明，在美国制造业的跨国公司中，子公司进口中间品以进行加工的比例从 1982 年的 10% 增加到 1982 年的超过 12%，这被解释成纵向直接投资增加的一个证明。这一增长在某些国家、某些产业显得更加明显。如美国向加拿大的投资中，这一比例从 1982 年的 21.6% 提高到 1994 年的 33.5%；在美国向墨西哥的投资中，该比例从 1982 年的 18.3% 提高到 1994 年的 36.7%。在产业水平上，在电子和其他电子设备领域，该比例从 1982 的 16.3% 提高到 1994 年的 22.2%；在运输工具行业，从 1982 年的 17.7% 提高到 1994 年的 23.2%。加拿大和墨西哥的汽车厂与美国的母公司有着紧密的内部联系，导致大量的中间投入品跨境流动，每天大约有价值 2 500 万美元的汽车和汽车配件跨过国境。在 2001 年"9·11 事件"发生的时候，由于美国关闭了国境，好几家北美自由贸易协定（NAFTA）的汽车厂在 48 小时不得不关闭，因为没有零配件库存。这一现象也表明，从美国的母公司出口中间投入品到外国子公司的出口行为是与贸易成本和东道国的工资水平紧密相关的。如果东道国有更高的贸易成本和更低的非熟练劳动力工资水平，会减少母公司进口中间投入品的数量；反过来，更高的熟练劳动力工资水平将增加从母公司进口中间投入品。这一发现似乎表明，非熟练劳动力与中间投入品是互补的，而熟练劳动力与中间投入品是替代关系。

总的来说，对于跨国公司选择何种一体化方式的影响因素主要有以下四点。首先，东道国的要素禀赋或者东道国要素禀赋与母国要素禀赋的差异性。企业对外投资的时候，有时希望利用的是当地的原材料，有时希望利用的是当地的廉价劳动力，有时则希望利用当地成熟的物流或者销售网络，有时则是因为这里是最大的销售市场，因此，一国的要素禀赋表明了该国的比较优势，企业会根据比较优势来进行决策。当然，随着经济的发展，比较优势还会发生动态变化，30 年前美国的跨国公司向中国进行投资的主要动因是中国的劳动力优势，而 30 年后可能会将中国的物流体系作为重点考虑因素，同时，越来越广阔、越来越成熟的市场空间也成为众多跨国公司的投资动因。在未来，电子商务发展领域的优先地位很可能会进一步吸引跨国公司的投资布局。其次，贸易成本和投资成本的差异，即所谓的地理靠近—集中权衡，因为进行投资有大量的固定成本投入，同时该成本是沉没成本，这就意味着企业在进行投资决策的时候需要较多的考虑，而相对而言，贸易的流量是长期的，所以贸易成本是可变成本。再次，市场规模。跨国公司希望自己能够靠近市场，从而可以向客户提供更加便捷的服务，此外，如果可以靠近市场，其对市场反应作出回应和调整的速度就会比较快。因此，跨国公司不仅需要确定一个区域性市场，衡量一个市场的总体规模，而且需要确定这个区域的中心地带，以达到更有效地覆盖整个区域市场的目的。最后，市场准入情况。市场准入情况可能是关税水平，也可能是以其他形式存在的贸易壁垒或者市场准入障碍，关税是显性的、易于计算的贸易壁垒，但是产品进入某国市场还需要克服很多隐性的、文化的、习俗的或者制度的成本。例如，印度有很多的法律法规保护本国的产品以及本国的企业，在这样的规定之下，很多企业较难将产于外国的产品输入，或者设立独立的子公司，有些情况下，跨国公司不得不选择与当地企业合作，成立合资公司，创建当地品牌，获取当地的各种许可证书，从而达到进入当地市场的目的。

4.1.3　复杂一体化

随着全球经济中企业的组织越来越复杂，纯粹的纵向直接投资和纯粹的横向直接投资均不能解释外商直接投资的模式。跨国公司的子公司从母国进口中间投入品，同时在东道国市场出售最终产品，但也同时出口商品到母公司或者第三国。根据布罗尼根（Blonigen, 2005）的报告，1999年美国跨国公司的子公司，累计在东道国的销售额超过了总销售额的67%，其余的被出口到其他国家。其中有大约10%的销售是回到美国，还有大约10%被销售到第三国的无关方，12.5%的销售是到其他国家的相关方。上述数据是将制造业和非制造业加在一起，如果只考虑制造业的情形，制造业在东道国的销售额少于60%，但销售回到母公司的达到15%，向其他国家非相关方的销售超过16%。

直接投资与贸易有着密切的关系，同时这些关系受到产业、国家的影响。艾克霍姆等（Ekholm et al.，2007）分析了美国制造业跨国公司在2003年的销售情况，他们发现，欧洲国家的子公司很少销售回美国（大约为1%~5%的比例），而它们向第三国的销售差异很大。例如，爱尔兰的子公司向第三国销售占69%，比利时的子公司向第三国销售占56%，西班牙为39%，希腊为8%。显然，爱尔兰和比利时承担了美国跨国公司的出口平台，但希腊显然是横向直接投资的典型代表，主要服务于当地市场。向美国母公司出口的情形主要集中在亚洲，以及加拿大和墨西哥。具体的比例为：马来西亚39%；菲律宾35%；中国香港和新加坡15%；加拿大34%；墨西哥31%；印度尼西亚只有2%；中国内地只有8%。另外，从亚洲国家向第三国出口的比例也很高，新加坡为43%；菲律宾为38%；最低的印度尼西亚为13%。从加拿大向第三国出口只有5%，墨西哥向第三国出口比例为15%。

上述数据表明，直接投资的动因是多元的。尽管美国公司在希腊投资主要是水平型直接投资，因为它们向美国的出口只有1%，向第三国的出口只有8%。相对比而言，美国公司向爱尔兰和比利时的投资主要是平台型直接投资。美国向马来西亚和菲律宾的投资中，垂直直接投资和出口平台均起了很重要的作用，平台型直接投资指的是设立子公司的目的主要是向第三国进行出口。因此，横向直接投资、纵向直接投资和平台直接投资是企业相互交织的对外投资策略和动机选择。

易普勒（2003）对于外商直接投资各种不同动机的交织作用进行了分析，他的模型中考虑了三个国家的情形，两个北方国家（美国和法国）和一个南方国家（菲律宾）。每一个北方国家消费一种差异化的产品，该产品由总部设立在本国的跨国公司生产。生产该产品需要两种投入：一种在北方国家生产更加便宜；另一种在南方国家生产更加便宜。中间产品和制成品的运输成本差异不大，都是占生产总值的固定比例。考虑北方国家的策略选择：（1）美国企业决定将两种投入品的生产都放在本国，然后运到法国进行装配。（2）美国企业选择一种投入品在本国生产，另一种在菲律宾生产，然后将产品组装后运往法国（纵向直接投资）。（3）美国企业选择在法国成立子公司，在本国生产一种投入品，在法国生产另一种，然后由美国的总部和法国的子公司分别服务美国和法国的当地市场（横向直接投资）。（4）企业选择在菲律宾生产一种投入品，另一种投入品在两个北方国家分别生产，然后分别服务当地市场（复杂一体化）。

易普勒（2003）的研究表明，每一种选择都取决于生产中间投入品的成本差异、运输成本、设立子公司的固定成本，"复杂一体化"会带来一个国家的对外直接投资与另一国家的特点和政策的相互依赖，即两个生产地要么是互补关系，要么是替代关系。互补关系的发生是在跨国公司在一国扩张的时候，在另一国也进行扩张；替代关系的发生是在跨国公司在一国扩张的时候，在另一国进行收缩。互补关系和替代关系很可能受到运输成本的影响。当运输成本较低的时候，两种形式的直接投资很可能是互补关系。一个美国的跨国公司可以在菲律宾设立子公司，生产中间投入品，以降低最终产品的单位成本。在这种情况下，销售规模越大，越有利可图。如果要扩大销售规模，可以选择在法国设立子公司进行销售，也就是说，法国的子公司会使菲律宾的子公司更加有利可图。

格罗斯曼等（Grossman et al., 2006）扩展了易普勒（2003）的模型，在他们的模型中不是用两种投入品，而是用一个中间投入品的生产环节，另一个是装配环节，两个环节可以放在不同的国家，这样的假定可以使菲律宾成为一个出口平台，在菲律宾装配，然后出口到两个北方国家。此外，该模型还允许最终产品在所有国家进行消费，也就是拥有南方国家的市场。由于企业具有异质性，这些拥有不同生产率的企业可以选择不同的一体化战略，最终产品的运输成本和中间产品的运输成本是有差异的。该模型中，有些企业选择在母国生产中间品，在母国进行装配，出口到外国；有些企业则选择一种或一种以上的直接投资形式，这就形成了多种异质性的企业组织形态。

在上述分析框架中，有三种不同直接投资形式的互补性，可称为"单位成本"（unit-cost）互补性、"零配件来源"（source-of-components）互补性和"集团"（agglomeration）互补性。单位成本互补性：当零配件生产的直接投资有更高的固定成本时，企业会减少将零配件生产移到海外子公司的投资行为，此时装配环节的直接投资可以与零配件直接投资进行互补，因此会增加装配环节的直接投资；当零配件生产的直接投资的固定成本降低时，企业将减少在外国进行装配的投资行为。因此，单位成本互补性在运输成本为零的时候仍然存在。假定运输成本为零，企业会将生产的全部过程（生产零配件和成品装配）放在本土，而不进行跨国投资，因为跨国投资会带来固定投资成本。

低生产率的企业不进行直接投资，因为它们无法克服固定成本投入；最高生产率的企业会在菲律宾建立工厂，生产中间品以及装配最终产品，然后从菲律宾出口最终产品；低生产率企业会从母国出口商品。显然，菲律宾成为最高生产率企业的出口平台，它们销售一部分产品给菲律宾的消费者，出口其他产品到美国和法国。生产率水平居于中间位置的企业不进行直接投资，因为投资于中间产品生产环节的固定成本过高，但是，当该固定成本低到一定程度的时候，它们会在菲律宾投资设厂。这些中间产品会被运回母国，并在母国完成装配。最终产品同样可以在母国销售，也可以出口到其他两个国家。

当固定成本足够低时，一些生产率高的企业有可能会收购或建立一体化的生产厂家，不仅进行中间品生产，而且完成最终的装配环节。当然，如果中间品直接投资的固定成本较高，企业也会选择只进行装配直接投资，这些企业会在母国生产中间品，然后出口到菲律宾完成装配流程，最后成品会被出口到母国以及另外一个北方国家。

显而易见，对外直接投资的模式验证了我们在数据中所看到的经济现象。所谓单位成本互补性，指的是装配直接投资和中间品直接投资之间的互补，菲律宾中间品更低的成本会鼓励装配直接投资，更低的装配成本会鼓励中间品直接投资（见图4.1）。

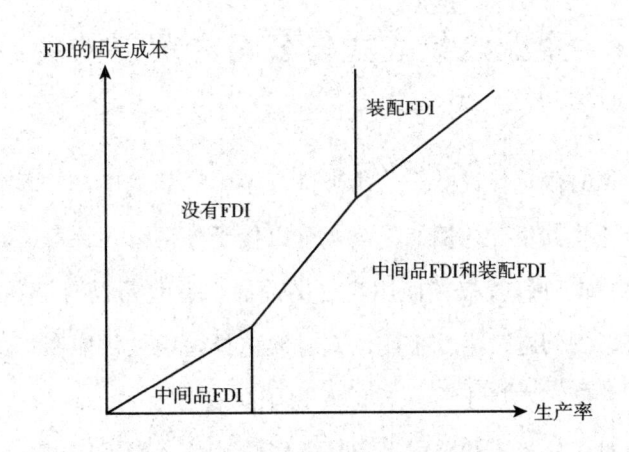

图4.1 运输成本为零时企业的组织模式选择

当最终产品的运输成本较高而中间品的运输成本为零时，上述直接投资模式仍然有效。更高的运输成本将导致更加丰富的一体化模式选择，因此会带来一种新型的直接投资模式——零配件来源互补性。这是因为，当中间品在菲律宾生产时，在菲律宾进行装配会更加节约成本。当最终产品的运输成本较高，而菲律宾的市场较小时，另一种模式的直接投资会出现，即企业会选择在菲律宾生产中间品，最终再将其运回母国进行装配。这就是所谓的纯粹纵向直接投资，每个北方国家都会出口最终产品，不仅出口到另一个北方国家，也会出口到菲律宾。或者会在另一个北方国家设立装配工厂，以使最终产品更加靠近市场，这样就不会发生美国和法国之间的贸易，因为最终的装配是在本国完成的。北方国家的横向直接投资与向南方国家的纵向直接投资同时并存，菲律宾会成为中间产品的出口国和最终产品的进口国。

4.2 内部化与公司内贸易

4.2.1 企业组织模式与公司内贸易的关系

企业什么时候选择设立子公司来进行中间产品的生产？因为企业也可以找其他企业为其生产，例如，企业可以授予外国公司许可，允许其生产自己的产品，也可以授权其使用自己的品牌，并且帮助自己在本地销售，所以就会有新的问题产生：企业什么时候选择国内的供应商？这种国内的外包与跨国外包在本质上是一样的。为了调查企业关于组织形式的决策，以及该决策对直接投资和公司内贸易的影响，学者们采用了多种不同的方法。(1) 关于企业边界的交易费用分析，这种理论是基于邓宁（Dunning，1977）的 OLI 理论；(2) 一体化的管理学动机；(3) 关于企业组织的产权理论，这些理论是基于不完全合约而来的。

因此，内部化总体上是基于内部化的成本和收益的考虑。简单来看，可以考虑生产商要生产一种最终产品需要的两种活动：一种活动由 H 进行，H（headquarter）拥有技术和生产商品的诀窍，生产需要相应的总部服务（headquarter service），总部服务只由 H 提供；另一种活动由 S 来进行，S 可以是 H 的内部企业，也可以是外部供应者，S 只能提供零配件。重要的是，H 所需要的零配件是高度专业化的，所以 S 所提供的零配件只有 H 才需要，在此之外这种零配件毫无价值。因此，当 S 生产零配件之后，S 将会受到 H 的要挟。但如果 S 是该零配件的唯一供应商，H 又会受到S的要挟，因为如果没有S提供的零配件，H将无法进行生产。在此条件下，H和S需要展开谈判，但是两家公司无法签署完全、详尽的合约，即清晰地界定该零配件的要求，以及排除双方的各种要挟行为，这是因为零配件本身非常复杂。那么谈判的结果会是怎样的呢？这取决于H和S可以在合作的关系中享有的剩余，或者关系破裂后需要承担的损失。如果S是一个外部独立的供应商，它没有其他选择，因为除了H之外没有人买它的产品；类似地，H无法从S以外的供应商处获得零配件，它的外部选择也是零。因此，最终的博弈结果受到它们的谈判能力加上它们所获得的剩余决定，也就是说，剩余的分配比例基于它们的谈判能力。

在另外的公司组织形式选择中，S可以是H的一体化组织，H拥有S所生产的零配件。因此，S不能将其生产的零配件据为己有。对S来说，没有其他选择；对H来说，它拥有所有的零配件，它也不会去寻求其他零配件的来源。在这种情况下，H有着更强的谈判能力，一体化可以使H获得更多的剩余分配。

与此同时，还要考虑到一体化对S所产生的消极影响，有可能S不会积极努力生产，有可能会出现卸责行为，而H也可能选择不提供高质量的总部服务，这样会导致可供分配的总剩余减少。安特拉斯（2003）指出，存在一个界限，在此界限之上企业会选择一体化，在此界限之下，企业会选择外包。他的模型中有两个国家、两个部门、两种投入品，投入品的相对重要程度取决于其部门的劳动密集度。结果表明，企业会选择在劳动密集型部门外包，在资本密集型部门进行一体化。因此，该模型预测公司内贸易会发生在资本密集型部门，而保持距离型贸易会发生在劳动密集型部门。也就是说，如果一个国家同时从资本要素丰裕的国家和资本要素稀缺的国家进口，前者的公司内贸易比率要更高一些。从部门水平上来看，资本要素密集的产业，其公司内进口的比例应该更高。利用美国与28个国家、23个产业的数据，安特拉斯（2003）发现了相应的支持性证据。根据1992年美国数据，从劳动要素丰裕的国家如埃及和印度尼西亚的公司内进口的比例较低，而从资本要素丰裕的国家，如德国和瑞士的公司内进口比例较高。安特拉斯（2003）不仅发现公司内贸易存在国家间的差异，也存在部门间差异。赫尔普曼（2004）在每一个部门均引入企业异质性和由组织形式所导致的不同固定成本。一般的假定是，离岸活动的固定成本更高，在本国较低；直接投资的固定成本要比本国的一体化要高；一体化的成本要高于外包。也就是说，本国一体化的固定成本要高于本国外包的固定成本，直接投资的固定成本要高于离岸外包的固定成本。但是，当企业一体化之后，会带来由于范围经济而导致的固定成本下降，同时，一体化会带来更高的运营和管理成本，所以在现实中，一体化的固定成本不一定高于外包的固定成本。

当在外国进行生产的成本较低时，企业会根据不同的情形做出选择。(1) 生产率最低的企业将退出市场。(2) 生产率较低的企业将在本国寻求外包。(3) 更高生产率的企业将寻求在外国进行外包。(4) 在那些在本国获取零配件的企业中，生产率最低的企业进行外包；生产率略高的企业将自己生产。(5) 在那些从国外获取零配件的企业中，生产率最低的企业进行外包；生产率较高的企业一体化。外包指的是企业进口零配件，一体化的企业从子公司进口，也就是进行公司内贸易。也就是说，生产率最高的企业最终成为跨国公司。

4.2.2　一些国家的实证结论

如果我们把一体化和外包的固定成本交换一下，也不会改变模型中先前的预测，即生产率低的企业在本国获取零配件，生产率较高的企业进行离岸外包。但是，如果一体化拥有比外包更低的固定成本，低生产率的企业会首先选择进行一体化，高生产率的企业会选择进行外包。在那些选择在本国获取生产资源的企业中，生产率最低的企业会选择一体化；在那些选择在外国获取生产资源的企业中，生产率最低的企业会成为跨国公司，较高的会选择离岸外包。易普勒（2006）利用美国1994年的企业数据研究总部密集度和生产率的分布对公司内贸易的影响，这些数据覆盖了51个制造业部门从58个国家的公司内进口数据，他将资本密集度和研发密集度作为总部密集度的代理变量，发现在资本密集度和研发密集度更高的部门、企业的生产率分布更分散的部门，公司内进口的比例更高。努恩和特莱夫勒（2008）也指出了总部密集度和公司内进口比例的正相关关系，他们使用了更加详细的美国数据。这些数据覆盖了2000~2005年的5 000多种产品、370个部门、210个国家。他们发现，在那些有更高的资本和技术密集度，也就是所谓更高的总部密集度的部门，公司内贸易的比例更高。这一正相关关系在控制了出口国家的特征之后仍然是显著的。此外，他们也发现，在那些有着更高的生产率分布的产业，公司内进口的比例也更高。

大多数理论假定企业只需要一种投入品，但现实中，企业可能需要把许多不同的投入品组装起来才能制造出最终产品。因此，企业会针对不同的中间投入品选择不同的一体化策略，以汽车为例，制造商可能会选择在母国的公司内生产发动机，从外国的外部供应商那里进口座椅，从另一个国家的子公司进口挡风玻璃。在这个例子中，企业的选择涉及了所有四种组织形式。

更一般性地，由于技术细节的差异，企业可以选择任何组织形式，在柯赫勒和斯摩尔卡（Kohler and Smolka, 2009）针对西班牙数据的研究中，他们使用了企业水平的调查数据，在调查问卷中他们详细地询问了企业如何获得中间产品。他们的调研结果表明，在超过200个员工的大企业中，企业通过各种组织形式获得中间产品。34%的企业自己在西班牙生产中间产品，91%的企业从西班牙本国的外部供应商处采购中间产品，28%从它们在外国的子公司进口，66%从国外的供应商购入，之所以上述数据的和超过100%是由于很多企业采取多种策略。在上述企业中，只有1.5%的企业只在西班牙本土进行生产，有17.7%的企业仅从西班牙本土的外部供应商处购买中间品，0.5%的企业仅从外国子公司获得中间品，2.6%的企业仅从外国供应商处购入。这几个数据加在一起，只有22.3%，也就是说，只有22.3%的企业选择单纯的企业组织形式，其余的企业则采用多种组织形式。在采用多种组织形式的企业中，9.1%的企业使用四种组织形式，26.3%的企业选择仅在外国生产或本国生产。在小企业（员工数量少于200人）中，56.3%的企业仅仅采用国内外包，28.4%仅仅使用国内或外国外包。他们估计了每种组织形式相对于国内外包的生产率剩余，发现，在本国外包的生产率剩余最低，跨国公司从外部购入中间品，以及西班牙企业进口中间投入品，这两种组织形式均有最高的生产率剩余。在国内进行一体化生产的组织形式生产率优势并不明显。迪佛沃和托布尔（Defever and Toubal，2007）研究了法国企业的情形，这些企业认为一体化的固定成本低于外包的固定成本。他们的理论预计在离岸运营的企业中，效率最低的企业会成为跨国公司，并且为外国子公司生产中间投入品；而那些生产率最高的企业因为从外部购入中间投入品，更高的生产率分布会降低公司内贸易的比例。在法国公司的数据中，21%的交易是从子公司进口，64%的企业选择从外部进口，15%的进口包含了两种方式。也就是说，外包和一体化的分类并不像理论预计的那么明显。但是，生产率的分布和理论预测是一致的，从外部进口的企业，其全要素生产率要比从子公司进口的企业平均高20%，同时，有着更高生产率分布的部门，其公司内贸易的比例更低。

总的来说，还需要考虑合约摩擦所起作用的大小，合约摩擦指的是详细界定合约以及实施合约的难度。理论上一般会假定中间投入品是无法达成合约的，可以通过可合约性（contractibility）来进行界定，因为不同产业的可合约性差异很大。安特拉斯和赫尔普曼（2008）的理论讨论了可合约性的差异，他们认为，总部服务的相对重要性并不大，而总部服务中不可合约部门的相对重要性更大。研究者应当将总部服务中不可合约性的比例乘以总部服务密集度。在低总部密集度部门，当外包超过一体化的时候，可合约程度应该不会影响公司内贸易的比例。

对企业层面数据的关注为研究国际生产组织模式提供了新的视角，有助于我们更深刻地理解贸易的部门结构，这使得对贸易模式的了解远远地超过了李嘉图模型、赫克歇尔—俄林模型和赫尔普曼—克鲁格曼模型。专业化国际分工的复杂程度会随着时间的推移变得越来越深，国际贸易和国际投资理论研究会越来越深入，关于贸易流向和跨国公司活动的实证研究也会越来越详细。

4.3 国际价值链和公司内贸易

一体化的全球经济使得公司的资源配置模式和生产组织形式发生了巨大的变化，形成了国际价值链。在安特拉斯和赫尔普曼（2004）中引用了两个典型的例子：一是美国玩具公司美泰（Mattle）生产著名的芭比娃娃的生产组织形式，"当芭比娃娃从中国香港运往美国的时候，出口价值仅为 2 美元，其中 35 美分是中国劳动力所得，65 美分是材料成本（这些材料分别进口自中国台湾、日本和美国），其余的是运输成本和中国香港的管理开支和利润"；二是世界贸易组织在其 1998 年年度报告中所使用的关于美国汽车的例子——30% 的价值来自韩国，17.5% 来自日本，7.5% 来自德国，4% 来自中国台湾和新加坡，2.5% 来自英国，1.5% 来自爱尔兰和巴巴多斯，也就是说，只有 37% 的生产价值是产生于美国。

公司内贸易一定程度上会影响两国之间的贸易统计数据。以中美贸易为例，由于 2001 年以来中美贸易顺差的持续上升，引起了对于所谓全球经济失衡、中美贸易中的"东亚因素"、产品内分工、国际价值链等多方面的讨论。中美贸易顺差由很多因素引起，但其中有一个重要的观点是中美贸易中的相当一部分实际上是跨国公司的内部贸易，即跨国公司在中国进行投资，设立子公司进行加工、生产或者装配，再重新出口到美国。现有的贸易统计方法一定程度上夸大了这种国际分工所带来的贸易流的财富分配效果。根据邢予青和迪特尔特（2011）的计算，仅2009年，苹果手机（iPhone）一种产品的出口就占了美中贸易逆差的约0.8%，该产品的零配件来自美国、韩国、日本、德国等多个不同的国家，而在中国的装配只给中国的公司带来每台6.5美元的利润，但在贸易统计上却按照批发价格156.78美元进行统计，这无疑夸大了中国对美国的贸易顺差。

4.4 公司内贸易对国际贸易环境和贸易政策的影响

公司内贸易的一个有趣的影响就是对贸易环境和贸易政策的影响。传统的重商主义和近年来的公平贸易思想都认为进口会损害一国的就业和产业发展，而出口越多，对一国的经济状况越有利。但公司内贸易是一个公司内部的贸易，因此，在区分哪些是本国企业、哪些是外国企业方面，问题变得越来越复杂。母国的投资者组成的利益集团会支持自由贸易政策的实施，鼓励降低贸易壁垒的各种措施。而东道国如果要仔细审视自己的出口，则发现更多的贸易利益被跨国公司获得，因而有可能会对投资政策和贸易政策进行一定的审慎性评估。

一般而言，如果母国是发达国家，东道国是发展中国家，公司内贸易会使两国的贸易政策更加趋于平衡，贸易的开放程度进一步提高，对贸易竞争力等指标的衡量也会变得日趋复杂。

迪艾兹（Diez，2010）的实证分析表明，美国的公司内贸易与关税有着正相关的关系，即关税水平越高，则该类产品的公司内贸易比重越高，而关税水平越低，公司内贸易则越不容易发生。而美国的公司内贸易与外国的关税水平呈负相关的关系，即某国的关税水平越高，则从该国向美国的公司内出口比例越低。安特拉斯和赫尔普曼（2004）的研究则表明，关税水平降低将会对外包和公司内贸易产生不同的后果，在生产零配件为主的产业中，外包将会成为主要的形式，因而贸易自由化将会增加外包和与非相关方的贸易，而不会增加公司内贸易；在总部密集型（headquarter intensive）产业中，贸易自由化会同时增加外包和公司内贸易。原本在国内寻求产品的可能会因为贸易自由化而转向国际外包，原本进行国际外包的可能会进一步进行投资，建立子公司而从事公司内贸易。伯纳德等（2010）的实证分析表明，贸易自由化和公司内贸易的比重并没有明显的直接相关关系。

第5章
公司内贸易与企业异质性

传统的贸易理论一直将企业视为同质性的，同时，并不细究企业的内部特征，而把它普遍看作要素投入—产品产出的生产函数，众多企业被视为规模一样、生产率一样的生产函数。随着企业组织理论与国际贸易研究的相互渗透，企业异质性也成为公司内贸易研究的一个考虑因素，在大多数情况下，同一产业中存在着规模和生产率不同的企业的分布。研究一般会假定，企业的生产率水平事前分布不同，会导致不同企业进入和竞争的内生机制也存在差异，贸易一体化带来的竞争会对这些企业产生不同程度的冲击，从而做出不同的决策。

5.1 生产率差异

跨国公司的销售多年来一直快速增长，超过了制造业的扩张速度（Helpman，Melitz and Yeaple，2004）。因此，贸易研究开始将外国市场进入纳入理论和实证研究内容当中，一个公司既可以出口到外国市场，也可以通过外国的子公司进入该市场直接提供服务，或者授予外国公司相应的许可，让它们来生产自己的产品。企业可以选择直接向外国投资设立生产企业，该企业向东道国的客户提供相应的服务，即前述水平型直接投资。企业也可以选择直接出口，简单地来看，如果企业选择直接投资，意味着可以规避相应的出口成本，这样的选择被称为地理靠近—集中权衡，而企业如果选择出口，则降低了进行跨国公司管理、运营的多项成本开支。在一个多国家、多部门的模型中，引入了异质性企业的分析，其中企业必须面临地理靠近—集中权衡。每一家企业都需要考虑通过出口还是通过直接投资达到服务外国客户的目的。事实上，出口意味着更低的固定成本，而直接投资则意味着更低的可变成本。

赫尔普曼等（2004）强调了部门内企业生产率的差异在企业决策中所起到的重要作用。首先，只有那些最具有生产率的企业会参与国外的运营，这一结果与企业异质性和贸易之间的关系相印证；其次，对于那些只服务外国市场的企业来说，最具生产性的企业会选择对外直接投资；最后，在企业异质性更强的产业中，对外直接投资相对于出口的销售规模更大。他们利用美国52个制造业部门和38个国家的出口及其跨国附属机构的销售数据，进行了横截面数据的分析，结论表明，企业异质性可以预测贸易和投资的相应模式。企业的异质性可以通过多个指标来衡量，但他们的发现在多个指标之下都是稳定存在的。并且他们再一次确认了存在地理靠近—集中权衡（proximity-concentration tradeoff），也就是说，当运输成本较高而基于生产的规模报酬不高时，企业倾向于用直接投资替代出口。此外，我们的异质性企业指标的规模在与地理靠近—集中权衡指标进行比较时，是具有可比性的。因此，我们可以得出结论，即产业内企业异质性在解释国家之间的贸易和投资时具有重要的作用。

该模型还预测了生产率最低的企业只能在本国市场进行经营，相对更具生产效率的企业会出口，而最具生产性的企业会对外投资，这些结论得到一些实证数据的支持。这些结果表明，企业显著的生产率优势会促使其进入国际生产和经营活动，这样看来，一个较为间接的结论是，跨国公司比非跨国公司拥有更高的生产率，大约可以预测出15%的生产率优势。

假定有 N 个国家利用劳动来生产产品，共有 H+1 个生产部门，每一个部门利用一个单位的劳动可以生产出一个单位的单一产品，H 个部门生产的都是差异化的产品。一个外生的 β_h 是在 h 部门的差异性产品上的支出成本，其余的为 $1-\sum_h \beta_h$，是同质性产品上的支出成本。国家 i 的要素禀赋是 L^i 单位的劳动，其工资水平则为 w_i。

现在我们考虑一个特定的部门 h，该部门生产差异性产品，为进入国家 i 的相应产业，一个企业必须承担固定成本 f_E，该成本以劳动单位来衡量。一个进入者则得到每单位产出的劳动系数，是遵循 G(a) 分布的 a。因此，一个企业可以决定退出和不生产。如果它决定生产，则还会产生一个固定成本 f_D。如果该企业不出口，而只在本国销售，则没有其余固定成本的负担；如果该企业决定出口，则每一个外国市场额外承担固定成本 f_X。如果企业通过外商直接投资（FDI）向外国市场提供服务，其额外的固定成本为 f_I。一般来说，f_X 指的是在外国建立营销和服务网络的成本（相当于在国内的 f_D）；f_I 则指的是除了相应的营销和服务网络之外，还有在国外成立分支机构的成本，其中包含了分支机构的 f_D。f_X 和 f_I 区别该产业部门的规模报酬水平。从国家 i 出口到国家 j 的商品取决于运输成本 $\tau^{ij}>1$。也就是说，τ^{ij} 是将单位商品从 i 国运输到 j 国的成本。进入之后，生产者将进入垄断竞争市场。

来自国家 i 的企业通常会通过国内生产服务国内市场，同样，该企业也会服务外国市场 j。企业选择是通过对外直接投资还是出口来服务于外国市场，其决策取决于地理靠近—集中权衡：相对于出口来说，对外直接投资可以节省运输成本，但会产生更高的由于生产设施的重建而导致的高固定成本。在均衡中，没有企业在同一个外国市场中同时选择两者。每个产业中都有大量的异质性企业分布其中，其生产率存在高低差异。因此，企业可以根据其生产率高低进行不同的决策，生产率最低的企业离开市场，否则其运营利润为负；其他较低生产率的企业选择留在国内市场；更高生产率的企业会选择出口；最高生产率的企业向外国市场进行直接投资。

5.2　对异质性企业的研究

现有文献越来越多地采用公司层面的数据与方法，讨论企业异质性在贸易理论、实证研究和贸易政策等诸多方面所具有的重要意义。企业会对贸易环境的改变做出不同的反应，对政策变化的反应是政策制定者的重要研究内容，因为对企业反应模式的判断有助于贸易和产业政策的形成。然而，对错综复杂的现实构建相应的理论来进行解释，或者利用海量数据建立实证经济模型来进行深入分析，都是国际贸易研究领域近20年内才展开的。由于理论建模的复杂性，非专业人士通常不了解贸易是通过何种渠道和方式作用于企业、工人的收入和福利，这更加凸显了具有异质性企业国际贸易研究的现实意义。而深入分析和考察以深入了解这些模型的运作方式，为研究贸易政策影响效应，并将其应用于不同贸易政策选择提供了新的研究视角。

对企业层面贸易的早期研究主要发源于20世纪90年代早期和中期，相关研究深层次地展示了企业在出口行为和生产率方面所存在的巨大差异。不同研究者在此基础上开展了更深层次的后续研究，让我们更加深入地理解两者之间的密切联系。企业之间的异质性不仅表现在工资率、进口投入品的使用、利润率、在市场中的定价权，还表现在对全球价值链参与程度等方面所存在的异质性。这些异质性不但会对企业在世界和本国市场的绩效，乃至本国贸易政策的变化都会产生至关重要的影响，而且还会对企业层面的生产决策、市场走向等产生影响。现有多数研究表明，贸易政策的影响具有多面性，而其具体的作用程度有时并不容易确定。企业在面对不同环境时，在面临不确定性的商业环境时，各自的商业决策反应也会各不相同。但某些趋势的走向却较为一致，比如，全球贸易的不断发展以及全球和区域经济一体化程度的提高，对于我们理解什么因素会对企业行为和绩效产生作用提供了可能。这些方面的研究进展，特别是近年来强调公司层面的异质性对国际贸易研究的重要意义，具有持久性的影响。

理论研究表明，国际贸易与生产率之间存在着强有力的相互关系，大量的经验证据也很好地支持了这一结论。例如，鲍德温和严（Baldwin and Yan, 2014）在出口市场动因与企业生产率的文章中，运用加拿大公司层面的数据，实证证明了通过进入国外市场，加拿大公司的制造业生产率大幅度提升。

5.2.1 贸易理论演化

现有理论政策的演变大致经历了从宏观（国家层面）、中观（产业层面）到微观（公司层面）的过程。基于国家层面的贸易理论通常称为传统贸易理论，例如大卫·李嘉图的比较优势贸易理论、赫克歇尔—俄林模型、萨缪尔森的生产要素价格均等模型，以及对进出口商品中要素含量的研究。这些模型的共同特点是强调国家是驱动国际贸易的首要因素，在这种贸易模式中，贸易自由化会导致一国将自身的资源重新分配给具有比较优势的产业，而远离其具有比较劣势的产业，进而提升本国的社会福利。在这些贸易模式中，自由化所形成的赢家和输家主要依赖于该国所拥有的要素所有权状况。在假定不存在跨越要素所有者收入转移的情形下，这些理论预测，在资本相对充裕和劳动力相对稀缺的国家，资本所有者将受益于贸易开放，而劳动者将因为贸易而受损。

基于产业层面分析的贸易模型最初被称为新贸易理论，在新贸易理论的模型中，企业生产存在着规模报酬递增，而且存在着具有显著差异化的产品，这些都成为国际贸易的主要原因。在新贸易理论模型中，开放的收益主要通过提高企业层面的生产规模来增加全体社会的整体福利。这主要通过以下三方面实现，首先是规模报酬递增带来的行业平均成本的下降，生产者的福利水平增进；其次是增加消费者产品种类选择的可能性，消费者的福利水平增进；最后是降低价格对边际成本的加成率。但这些新贸易模型通常假设消费者是同质的，因此不考虑交易环境变化对收入分配的影响。

国际贸易理论的最新发展主要基于数据可获得性的改善，这些新新贸易理论模型通常是基于企业层面的数据，这些模型通过强调企业间生产率差异的重要性，更深入地理解贸易环境变化对企业影响的差异。异质性企业的研究始于梅利兹（2003）的开创性工作，主要包括提高规模收益和产品差异化。由于不同企业在这些模型中拥有不同的技术水平和生产率，贸易自由化进一步降低了行业总体的平均成本，从个体选择来看，贸易自由化会导致生产率高的公司实现规模的扩张，而生产率相对较低的公司会选择退出。

5.2.2 异质性企业基准模型

梅利兹（2003）的模型中，当封闭经济逐步开始对外开放时，对生产者会产生战略决策方面的影响。如果该企业选择在国外更大的市场销售自身的产品和服务，与此同时也会面临更激烈的竞争和更高的实际工资，这又会降低自身的利润。这种压力与传统产业经济学的相关模型是一样的，但在传统模型中企业被假定是同质的，因此会以相同的方式对这些压力做出反应。而梅利兹（2003）假定企业的生产率存在差异，这样异质性企业可以对政策冲击作出不同的反应。对于生产率最高的公司而言，贸易开放带来的积极影响往往占主导地位，这会导致这些企业面对更大的国际市场，扩大生产规模变得更加有利可图。相反，对于生产率较低的企业来说，负面影响占主导地位，这些企业的利润受到挤压，生产规模可能会缩减，而一些效率最低的企业甚至会完全退出该行业。行业内的这些截然不同的反应将经济资源从生产率相对较低的企业转移到高生产率的企业，从而提高了整个社会的生产效率和福利水平。这具有鲜明的政策含义，因为特定行业内不同企业面对贸易开放时的反应有差异，贸易对价格、产出、生产率和社会福利的影响具有重要的政策意义。基于这些原因，异质性企业模型能提供与国家或行业模型完全不同的预测，这对于政策决策者具有重要的指导意义。

以汽车行业为例，我们可以假定存在两个国家，每个国家都有相同的汽车产业，每个国家都有不同的要素所有者。首先是拥有劳动力要素的工人，他们通过在本国的产业中工作赚取劳动收入。其次是本国生产企业的股东，从公司利润中获取部分收入。此外，消费者将从公司中获取的收入用于购买汽车。在这种简化模型中，假定所有的要素所有者具有同质性，他们都提供相同的劳动、拥有相同的股份、购买相同数量的汽车。

如果消费者可以面对更多类型的汽车，并且可以购买不同的汽车，通过消费多样化而实现消费者福利的增加。假设消费者对每种类型的汽车都有相同的需求函数，即不同的汽车品种具有不变的需求价格弹性，并且与消费水平无关。同时假定，在每个国家中，汽车行业都由很多同质的企业构成，这些企业的产品存在差异化，没有任何两家企业生产完全相同的汽车。一个想进入汽车行业的企业家必须雇用劳动力来获得生产技术。企业家将获得的确切技术是不确定的，但可能技术的分布是已知的。在获得技术后，企业家决定是否生产。对所有企业家而言，获得技术的劳动力成本被称为固定成本。

假定企业必须雇用一定数量的劳动力来生产汽车，每家企业都使用一些劳动力，其数量因企业而异。这种不变边际生产成本因企业而异，并且在进入企业之前是企业家的不确定因素。企业的平均成本随着产量的增加而下降，并且由于生产水平的差异和边际成本的差异，企业的平均成本也各不相同。如果一个公司需要相对较多劳动力来生产每辆汽车，我们就将其视为低生产率企业。与此相反，如果另一家企业需要低劳动力投入，则被称为高生产率企业。因此，每个国家的汽车工业都存在不同类型的汽车，各个企业的平均和边际生产成本，以及它们生产的汽车数量都各不相同。

每个国家所有企业生产的汽车可以在国内市场和国际市场上同时销售。假定在国内市场销售没有成本，但出口的贸易成本也包括固定和可变两个部分。固定出口成本可以被认为是研究国外市场条件或符合不同产品标准的需要。运输成本和关税等可变出口成本因数量而异。可变出口成本在模型中被视为在将货物运输到出口市场时"丢失"的一小部分产出，类似于"冰山模型"，模型假定所有企业在每个出口市场都面临着相同的出口成本。

如果假定在国内市场销售的企业提供各种各样的汽车，但面临与其他国产汽车与进口汽车的竞争。这两个市场是分割的，企业在每个市场中分开竞争。此外，由于每家企业都拥有其特定汽车的垄断权，但面临来自其他汽车品种的竞争，市场结构具有垄断竞争力，这表现为企业不是价格接受者，而是选择每个市场的价格使利润达到最大化。

5.3 异质性企业的类别

在模型的均衡中，世界需求等于每个汽车品种的供给之和，劳动力需求等于每个国家的劳动力供给之和，而加总变量（例如产出、工资收入、利润）保持不变。这些模型的典型特征是，个人会选择自身最佳的劳动力供给和产品消费决策，以最大限度地提高他们的福利水平。该模型在企业的利润最大化目标之下，主要关注企业在生产、定价、出口方面相关的决策。

在模型中，第一种情况：假设存在一个只在国内市场销售的非出口企业。该企业将通过选择等于其边际收入和边际成本的价格来实现利润最大化，结果是价格高于边际成本，并且其对于加价的能力取决于国内市场需求的价格弹性。由于消费者具有相同的需求弹性，因此所有企业都具有相同的加成率。这意味着具有较高边际生产成本的公司设定了较高的价格，与具有较低边际生产成本的公司相比，它们的国内市场的销售和利润将较低。

第二种情况：出口商在国内和出口市场均有销售。在国内市场，出口公司使用上述定价策略。因为需求条件是相同的，该公司在两个市场中选择相同的加价，但出口到出口市场的边际成本更高，因为出口会产生额外的可变贸易成本。因此，出口公司在出口市场上收取较高的价格，而出口和国内市场的公司价格比率仅取决于可变的贸易成本。在出口市场，与国内市场一样，成本较高的公司收取较高的价格，销售额和利润低于低成本公司。

在上述假设情形下，我们来考虑企业的生产决策，在获得技术后，企业家只有在足够有效地获得非负的均衡利润时才会生产。正如上面的讨论所暗示的那样，企业的利润随着边际成本的增加而降低。梅利兹模型的关键均衡属性是存在一个运营边际成本的截止水平，低于该水平，企业家将获得利润。技术相对较差的企业家不会生产，而技术相对较好的企业家会选择生产。因此，所有选择生产的企业至少可以达到均衡的生产率水平。只有在考虑到出口成本的情况下，企业才能在国外市场赚取利润。按照与国内市场相同的逻辑，出口也存在一个均衡的生产率水平，这样所有出口企业都至少达到均衡生产率水平或者更高的生产率。

如果出口的固定成本和可变成本很高，出口商的均衡生产率高于国内厂商的均衡生产率，只有生产率更高的公司才能有足够的利润来支付出口的固定成本。因此，生产率较低的企业只能在国内市场销售商品，拥有最高生产率水平的企业在国内和国际上销售。

进一步分析的关键部分在于贸易自由化后这两个均衡生产率水平会发生什么。在给定的行业中，生产率较高的企业将出口，因为这些出口企业的价格较低，边际成本高于非出口商，它们设定的价格较低，并且在国内市场的销售额较高。此外，出口商的产出和就业率高于非出口商。因此，该模型进行单向因果预测，从公司的生产率到出口选择，只有最具生产率的企业才能出口，这被称为出口的自我选择模型。

5.3.1 贸易自由化效应

贸易自由化政策的效应可以表现为下降的出口可变成本和固定成本。考虑可变贸易成本的下降，这可能代表运输汽车的国际运输成本降低或进口汽车的关税降低。这一变化降低了企业在出口市场上销售的边际成本，既然贸易加成不变，边际成本的下降降低了出口价格并增加了公司的出口和利润，同时可变贸易成本的下降也相应地降低了进口的相对价格。这具有两方面的影响：首先，它降低了每个国家的消费者价格；其次，它增加了每个国家的进口相对需求，从而降低了非出口商的市场份额和产量。结果所有企业的国内市场销售额都下降了。将此与上述较高的实际工资相结合，所有企业的国内销售利润均下降了。行业中生产效率最低的企业会退出市场。因此，贸易自由化产生了额外的利润反应，因为非出口商的产出下降，这些企业的退出必然会影响其他企业的利润分布。

如果观察贸易自由化前后企业生产率与利润之间的关系，我们可以把企业分为不同的五个组别，以分析贸易自由化对其利润和出口状况的影响。这五个组别是：退出并失去利润的非出口商；依然是非出口商但是利润损失的非出口商；成为出口商并失去利润的非出口商；成为出口商并获取利润的非出口商；出口商仍为出口商并获取利润。这一分组显示出贸易自由化的分配效应，这种影响发生在一个行业内的不同公司之间，并且在早期的同质企业贸易模型中通常不存在。重要的是，生产率相对较低企业的收缩和退出以及生产率相对较高企业的扩张可以提高整个行业的整体生产率，这被称为贸易自由化的选择效应。

贸易自由化增加了整体的福利水平。消费者受益于更低的价格、更高的实际工资和更高的购买力。由于自由进入和退出，贸易自由化前后的总利润为零。因此，当劳动者数量相同、持股比例相等时，可变贸易成本的减少对其作为股东股息的收入没有影响，因此，通过这个渠道没有福利效应。当公司股票持有量在个人之间存在差异时，这种情况就会发生变化：那些只持有在贸易自由化后退出的低生产率公司股票的人会看到他们的股息收入下降。一般而言，由于对企业利润的不同影响，可变贸易成本的下降将股息收入重新分配给持有相对低生产率企业股份的个人和持有相对高生产率企业股份的个人。因此，在这种模式中，贸易自由化可以根据其先前的持股情况对个人产生分配效应。在同一行业中，与旧的贸易模式相比，这些贸易模式的分布效应往往发生在各个行业。因此，在国家层面上，贸易自由化带来了总体福利水平的提高。

降低出口固定成本所带来的贸易自由化的影响与降低可变贸易成本带来的影响类似，但机制略有不同。例如，较低的固定贸易成本不会导致现有出口商的产量增加。但是，其他基本机制保持不变，个人、国家和全球福利影响的定性分析将是非常相似的。

5.3.2 实证检验

梅利兹（2003）模型被现有大量实证研究进一步补充、验证和扩展，实证分析表明，模型预测与来自不同国家的企业级数据的研究结果大体一致。例如，许多研究表明，只有一小部分企业在典型行业中出口。此外，在从事贸易的公司中，出口商通常只出口其部分产出。鲍德温等（Baldwin et al., 2006) 的实证研究发现，出口企业往往比没有参与国际市场的企业规模更大、更高效、资本更加密集和熟练劳动力更加密集，并且支付相对更高的工资，这些实证证据支持了基准梅利兹模型中关于企业规模、企业生产率及其出口状况之间的正相关性。过去几十年来对于贸易自由化的实证研究，为贸易自由化的政策带来的企业层面、行业层面和总体生产率增长提供了令人信服的证据，这些主要是由于行业内部资源重新分配和企业层面的创新，而不是跨行业的重新分配。例如，使用加拿大制造业的企业数据，鲍德温和顾（2004）估算了美国和加拿大双边关税削减的影响。他们的研究结果表明，在加拿大制造业部门，由于自由贸易协议的签订，工厂之间的重新配置为行业生产率增长的贡献达到 1/2 以上。

5.3.3 全球参与

在基准梅利兹模型中，企业唯一的国际活动就是进行出口，随后的一些研究探讨了企业的多元性选择以及国际市场的其他参与方式。例如，通过将进口的中间投入品纳入最终产品的生产，此时企业同时扮演作为进口商和出口商的角色。此外，许多研究人员发现，进口投入品提高了企业的生产率，通常是因为中间投入品的质量高于国内投入品的质量，或者是因为生产中的各种报酬增加。这表明企业层面的进出口行为之间存在天然的互补性：使用进口投入品的企业往往生产率更高，这反过来又使它们更有可能满足出口的固定成本。因此，这些模型扩展的新预测是进口企业更有可能成为出口商，进口和出口都倾向于提高生产率。

企业可能面临的另一套国际决策涉及其生产流程的定位和组织，例如，企业可能决定进行外国直接投资，或者决定将其生产过程的某些部分进行离岸外包，上述行为选择均会对全球价值链产生一连串的影响，这些主题均已成为近年来国际贸易研究的内容。产品级的生产决策也受到关注，特别是随着越来越多产品级数据的可获得性的提高，如企业对产品质量的决策、产品数量的选择，以及在哪些国际市场销售哪些产品都是一些探讨的例子。

5.3.4 劳动力市场

传统贸易模型中劳动力的无摩擦流动、同质性、弹性工资等假定特征也得到了放松和调整，越来越多的文献正在考虑劳动力市场摩擦，以检验贸易自由化对存在企业异质性的失业和工资不平等的影响。研究揭示了贸易政策变化对个体消费者、工人的微观影响，以及劳动力和商品市场模型中的总体工资水平和失业的宏观影响，鉴于许多国家中工资水平上升、收入不平等和贸易扩大等同时发生，这一点尤为重要。

一些模型引入"效率工资"框架来分析劳动力市场摩擦，有些模型则使用搜索和匹配摩擦。在该框架下，劳动力市场搜索摩擦产生失业，工人的生产率与特定工人及特定企业相匹配。企业不能直接观察个体工人的生产率，但他们可以通过支付成本对工人进行评估，以获得有关其生产率的信息。模型预测，具有较高利润和较高生产率的企业，即梅利兹模型中的出口商将进行更多评估，减少生产率较低的工人，拥有更高效的劳动力，所以出口公司的工人将获得更高的平均工资。因此，该模型概括了同一部门内部工人的工资不平等以及总失业率等现象，使之可以成为探索贸易自由化对劳动力市场结果影响的分析框架。

首先，当一个封闭的国家开放贸易时，收入从低生产率企业转向高生产率和高工资水平的企业，这增加了工资水平的分散度，因此，该模型预测收入不平等和贸易之间存在正相关关系。基于国家层面的赫克歇尔—俄林模型也有类似的预测，即拥有大量熟练劳动力的国家工资水平会上升，因为资源会因为贸易增加而在各个行业间重新分配。该模型强调高技能工人和低技能工人的相对工资的变化，因而贸易与工人群体之间的工资不平等存在正相关关系。经验证据表明，许多国家的工资不平等不仅存在于不同行业之间，也存在于同一行业内部。此外，一些研究使用假设企业异质性的贸易理论模型，分析企业层面的数据，其研究结论表明，贸易增加显著增加了部门和行业内的工资不平等。

其次，贸易对失业的影响是不确定的。一方面，贸易将工人转向生产率更高的企业，因为这些企业更具选择性，这种影响往往会增加失业率；另一方面，取决于预期工资收入的变化，贸易将会增加或不影响匹配率，从而会使失业率下降或不变。由于这些潜在的相反影响，贸易对失业率的净影响尚不确定。

最后，如果一个贸易壁垒较高的国家略微降低这些壁垒，其工资不平等将上升，然后随着该国继续降低贸易壁垒，工资不平等最终会下降。也就是说，当贸易成本降低时，贸易成本的下降会减少不平等，但当贸易成本很高时会增加不平等。之所以如此，是因为较低的贸易成本导致生产率最高的企业工资增长只发生在一部分企业是出口商的情况下。这些结果表明，有关工资水平和收入不平等方面的研究有可能增加我们对发达经济体中贸易对失业和工资不平等的影响的重新认识。

5.3.5 出口与创新

企业参与国际市场与其创新活动之间也存在着较为密切的联系。在梅利兹模型中，企业的生产率被视为给定并影响其出口决策，同时，出口决策与企业生产率之间也存在一定的关系：在国际市场上活跃的公司所获得的利润增加使它们能够承担昂贵的创新活动，提高它们的生产率，这一反向作用通过贸易自由化提供了额外的生产率和福利收益。布斯托斯（Bustos，2011）分析了出口和创新企业的模型，证明贸易自由化后出口企业不仅会增加产出,而且还会增加创新支出,这进一步增强了贸易对生产率的积极影响。

5.3.6 贸易竞争效应

在梅利兹(2003)的研究中,所有消费者的需求函数都具有恒定的需求弹性,在所有产品品种中都是相同的。这意味着所有品种的商品都以相同的价格出售,高于所有市场的边际成本。由于交易环境的变化不会改变这种需求弹性,因此加价不会受到贸易自由化的影响。但早期研究中增加的贸易会减少加价,这通常被称为贸易的促进竞争效应。如果贸易降低了企业的市场力量并降低了加价幅度,那么这为消费者提供了另一种从贸易中获益的渠道。

兰卡斯特(Lancaster,1990)的模型包含了可变加价,并分析了市场规模的差异如何改变贸易自由化的影响,该模型的基本框架已被广泛使用。在模型中每个国家都有一个产业,随着个人消费逐步增多,消费者对价格的敏感度越来越低,因此,他的需求弹性将随着他的消费水平提升而不断下降。与梅利兹模型一样,成本水平较低的企业设定了较低的价格并且对其产品的需求较高。但与梅利兹模型不同的是,兰卡斯特模型中假定由于成本较低的企业面临较低的弹性需求,它们会选择更多的加价,这意味着拥有更多消费者和更多需求的经济体(如美国)将更具竞争力,平均价格更低,平均生产率更高,而且比小型市场(如加拿大)更大。多边贸易自由化将对生产率的提升产生类似的积极影响,此外,随着出口企业进入更大的市场,平均加价将下降,从而使消费者受益。

马库森(Markusen,1995)假定企业可以选择不同的加价,并将其扩展到包括多个国家的情形,这些国家的规模和贸易成本不同。在短期内,由于各种形式的贸易自由化的影响,没有新企业的进入;从长期来看,如果一个国家进行单方面的贸易自由化降低其市场销售成本，由该国的消费者将从较高的生产率、较低的加价和较多的消费品种中获益，而其贸易伙伴不受影响。从宏观层面来看，贸易自由化程度更高的国家实际上拥有的公司数量较少，平均生产率将低于自由化之前的水平，而其贸易伙伴却经历了相反的情况。因此，单方面自由化的国家经历总体福利的损失，而其贸易伙伴则获得福利增加，单边贸易自由化带来的短期收益可以通过较长期的企业进入而被消解。

5.3.7　比较优势纳入模型

彼得拉夫（Peteraf，1993）讨论了一个基于地理距离的李嘉图贸易模型（具有规模报酬递增和完全竞争），这些引力模型方程将国家之间的双边贸易量与各国的特征（例如各国经济规模和国家之间的距离）联系起来。如果将异质性企业纳入传统贸易模型，这些模型主要基于跨国差异和比较优势，会有一些新的观察和结论。使用产业和国家层面的数据来估算这些方程，能更好地理解贸易流量的决定因素并量化各因素对贸易的影响。另一个研究领域考察了异质性企业和不完全竞争的模型中影响比较优势的因素，强调了贸易自由化对资源在行业内（如基于企业的模型所强调的）以及行业间（如基于国家的传统比较优势模型所强调的那样）重新分配的影响。

安特拉斯和考斯蒂诺特（Antras and Costinot，2011）指出，由于各个行业内的企业生产率水平参差不齐，因而在许多行业中普遍存在着不完全竞争现象。企业内不同的部门，其技术也存在跨国差异，李嘉图式的贸易比较优势正是由此而来。需要注意的是，由于贸易成本的可变性，市场有着细分并限制企业出口的能力。贸易自由化具有选择效应，使得低生产率企业从市场中退出，高生产率出口企业得到扩张，最终提高了产业的总体生产率水平。上述模型中构建了两个熟练度不同的劳动力模式、两个劳动密集度不同的行业和两个劳动力供应不同的国家。在规模收益递增、不完全竞争、生产率水平不同的情况下，每个行业生产出差异化的最终产品（如鞋子和汽车），消费者通过提供两种不同劳动力和期望产品来赚取收入。

对于出口而言，存在着固定成本和可变成本。贸易自由化通过降低贸易成本，对两种不同类型的劳动力进行了行业内以及跨行业的分配。在具有比较优势的行业中，生产运作的基准生产率水平获得更大的提高，因此该行业的平均生产率较相对劣势的行业增加得更大（Wood，1995）。此外，具有比较优势部门的企业平均规模上升，随着劳动力从相对劣势部门转移到该相对优势部门，贸易自由化带来的福利收益进一步提高，这促成了规模经济并使资源得到更有效的分配。在个人层面，实现了收入从一个国家的丰裕要素到稀缺要素的重新分配。然而，异质性企业带来的生产率的额外收益可能使得两类劳动力的工资随贸易自由化而增加，这对以企业为基础的产业内和产业间贸易模式有着重要贡献。

5.4　异质性企业理论对公司内贸易研究的影响

综上所述，异质性企业理论是新新贸易理论中非常重要的进展，这些进展无疑会对公司内贸易的研究带来多个层面的影响，不论是在理论构建的研究视角层面，还是在微观数据的收集、处理和分析的方面，两者的结合都会使公司内贸易的研究取得重要的突破。

公司内贸易是跨国公司的内部行为，而在工业经济时代的跨国公司往往带有高效率、体量庞大和运营范围广等特征，这些企业都有着无比复杂的内部管理和运营机制，在全球设置各种各样复杂的生产和供应链网络，然而，随着互联网、高效物流等技术的日新月异，跨国公司也需要进行新的界定，即有着国际化运营背景的企业不一定是规模庞大的制造业企业，不一定在营业额上必然超过本土的制造业企业，因此，从异质性企业的视角来看公司内贸易，公司内贸易的模式还可以从企业异质性的层面进行细分研究。

按照传统的研究思路，跨国生产企业仍然存在生产率方面的差异，而跨国生产企业的跨国生产决策以及企业内部组织模式选择，仍然与其生产效率有着千丝万缕的联系。随着基于互联网的各项技术在企业管理和运营中的不断渗透，跨国公司的异质性特征也会越来越明显，而异质性不一定仅仅体现在生产效率上，有可能也体现在企业的组织方式、运营模式、管理模式、投资规模等方面，从跨国公司的角度来看企业异质性，可以对公司内贸易有一个新的研究视角，也可以得出一些有意义的研究结论。

第 6 章
中美贸易中的公司内贸易

6.1　公司内贸易的发展

国际贸易的发展经历了不同的阶段,贸易的第一黄金年代(1890 年至第一次世界大战),运输和通信方式有了极大的进步,如铁路、船运和电话。贸易的第二黄金年代("二战"以后),通信成本持续下降(移动电话),互联网的发展使通信成本几乎为零,集装箱运输的成本低到足以打破生产过程,使生产过程分布在不同的国家,这一现象被称为分割或碎片化(fragmentation)或全球价值链(global value chains,GVC)。跨国公司可以利用海外资源意味着一个国家不再受到本国的要素禀赋约束,全球化意味着在全球范围内配置资源更加有效率,企业可以大幅降低生产成本,企业的生产组织模式也呈现了多种形式(见表 6.1)。

表 6.1　企业的生产组织模式

项目	国内	国外
公司内	一体化(integration)	跨国公司(multinational)
公司外	国内外包(domestic outsourcing)	离岸外包(foreign outsourcing)

资料来源:Feenstra. Offshoring in the Global Economy [M]. The MIT Press,2010:6.

第6章 中美贸易中的公司内贸易

公司内贸易是伴随着跨国公司的成长而进行的，因此，公司内贸易的发展路径、贸易内容、贸易方式与跨国公司的分布、规模、内部管理模式的演进密切联系在一起。早期的跨国公司大多数是发达国家向不发达国家的纵向投资、设立代理机构，以便于获取稀缺资源、廉价原材料等，同时将在母国国内生产的相应产品输送到发展中国家的新兴市场。因此，公司内贸易在传统跨国公司的发展模式上是单向度的，产品差异较大。

随着通信成本和交通运输成本等的不断下降，越来越多的企业将生产流程进行纵向细分，并在全球范围内选择最优的区位进行生产或经营，这体现在近年来离岸外包业务的大幅增加，同时也引起了跨国公司的公司内贸易规模的提高。美国经济分析局（BEA）数据显示，2014年美国商品出口中有27%通过公司内贸易出口，商品进口中有35%通过公司内贸易进口。其中美国与某些国家的公司内贸易比重更高，美国通过公司内贸易出口到日本的比例为65%，而进口几乎全都通过公司内贸易的方式。其中公司内贸易的统计口径为美国母公司与其国外子公司之间的进出口和国外母公司与在美子公司之间的进出口。图6.1～图6.4是美国总进出口与美国

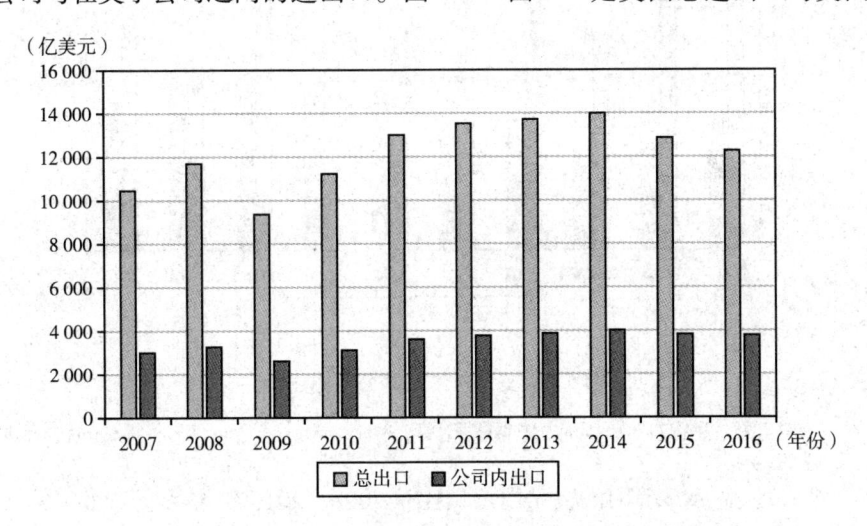

图6.1 美国总出口和公司内出口

资料来源：根据美国统计局网站数据整理计算，网址：https://relatedparty.ftd.census.gov。

通过公司内进出口的数据对比。

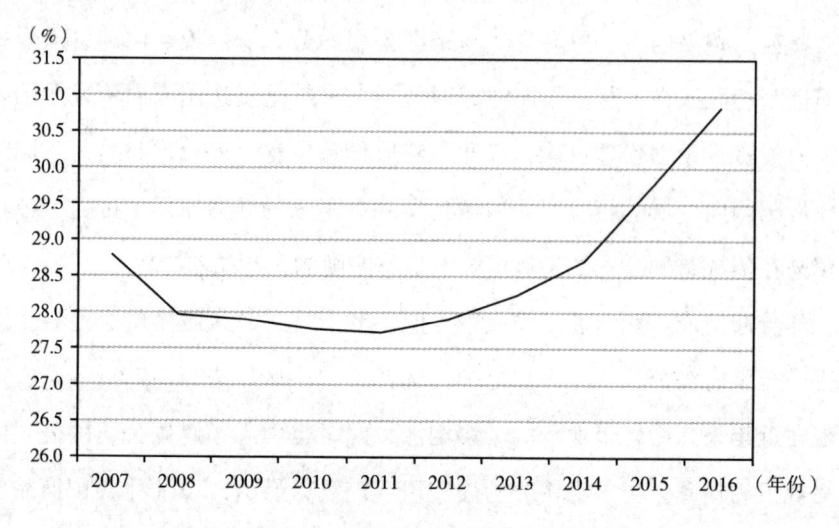

图 6.2　美国公司内出口的比重

资料来源：根据美国统计局网站数据整理计算，网址：https://relatedparty.ftd.census.gov。

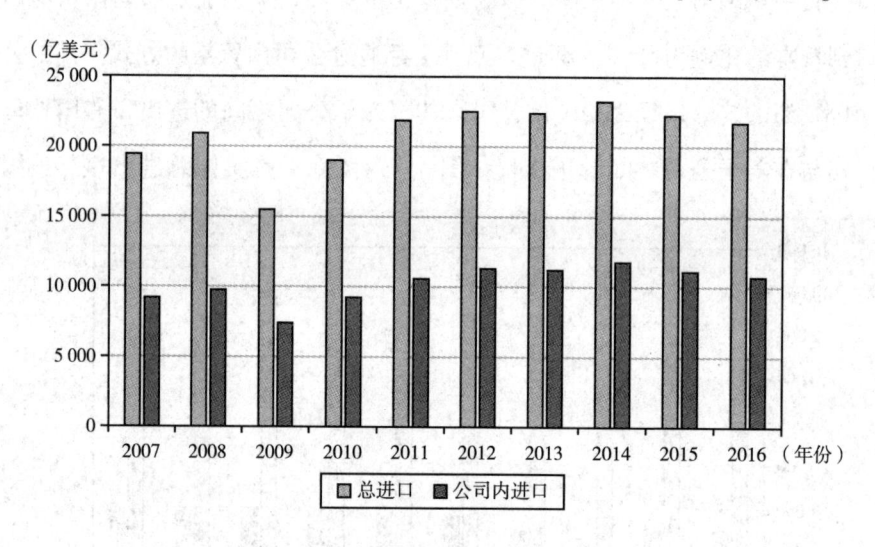

图 6.3　美国总进口和公司内进口

资料来源：根据美国统计局网站数据整理计算，网址：https://relatedparty.ftd.census.gov。

图 6.2 显示，美国的公司内出口比重 2008～2016 年维持在 27%～31% 的水平，且呈现上升趋势，可见通过公司内贸易出口在美国商品出口当中占据重要的一部分，且不随着美国贸易的放缓而减少。

图 6.4　美国公司内进口比重

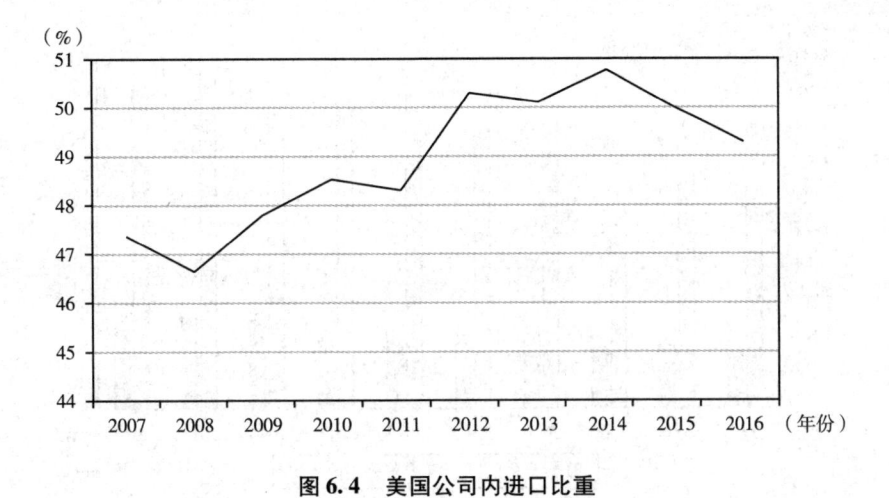

资料来源：根据美国统计局网站数据整理计算，网址：https://relatedparty.ftd.census.gov。

图 6.3 和图 6.4 显示出 2008～2016 年美国商品通过公司内进口的总量和比重。随着美国进出口的增加，二者均保持基本固定的比例水平。相较于美国商品进口量的变化，通过公司内进口的数量变化并不大。

6.2　中美制造业公司内贸易发展现状

6.2.1　中美公司内贸易规模

本章共采集了 2007～2016 年制造业项下 6 个产业的公司内贸易数据和中美总进出口数据。相对于中美总贸易来看，公司内贸易所占的比重并不是特别大，但是表现出较好的连贯性，公司内贸易数额的变化表现出与总的进出口相一致的趋势。图 6.5 和图 6.6 是中美公司内贸易的规模和比例，可以看出公司内出口的规模显著高于公司内进口，且随着中美贸易量的增加呈现出增长的趋势。

(亿美元)

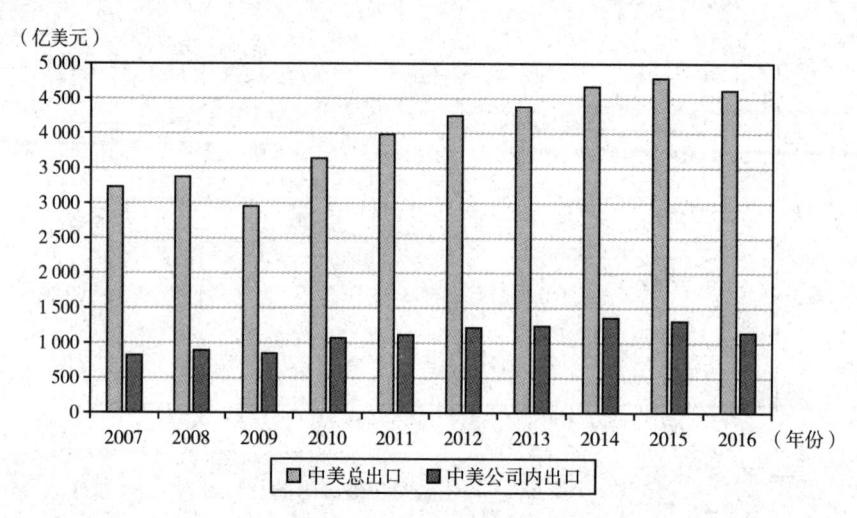

图 6.5　中美总出口和公司内出口

资料来源：根据美国统计局网站数据整理计算，网址：https://relatedparty.ftd.census.gov。

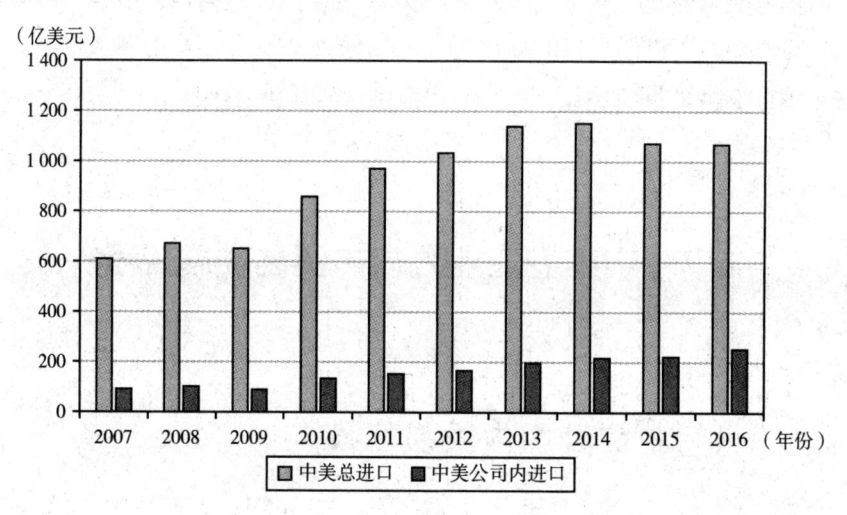

(亿美元)

图 6.6　中美总进口与公司内进口

资料来源：根据美国统计局网站数据整理计算，网址：https://relatedparty.ftd.census.gov。

6.2.2　制造业中的公司内贸易

在中美贸易或者中美公司内贸易中，制造业占比最大，也是最重要的一个大类产业。我们观察中美制造业公司内出口与中美制造业总出口数据，发现两者的变化趋势与中美公司内出口变化趋势相一致（见图 6.7 和图 6.8）。

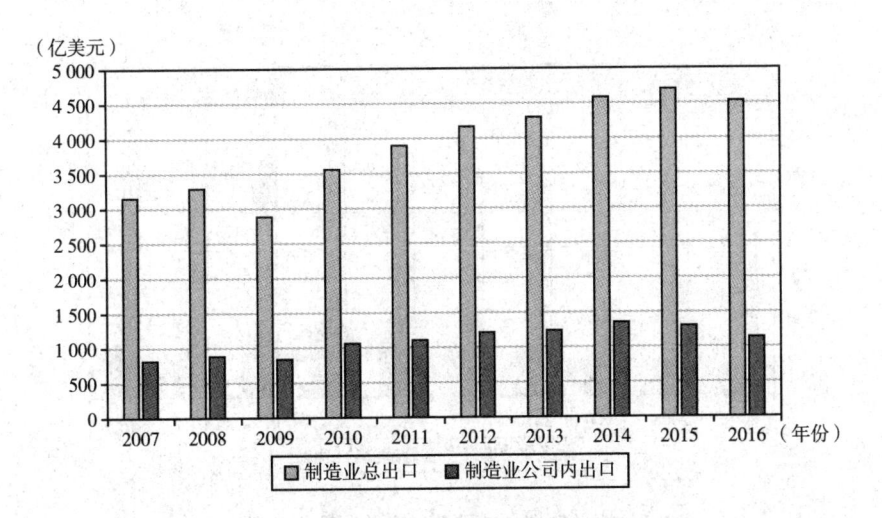

图 6.7　中美制造业总出口与中美制造业公司内出口

资料来源：根据美国统计局网站数据整理计算，网址：https://relatedparty.ftd.census.gov。

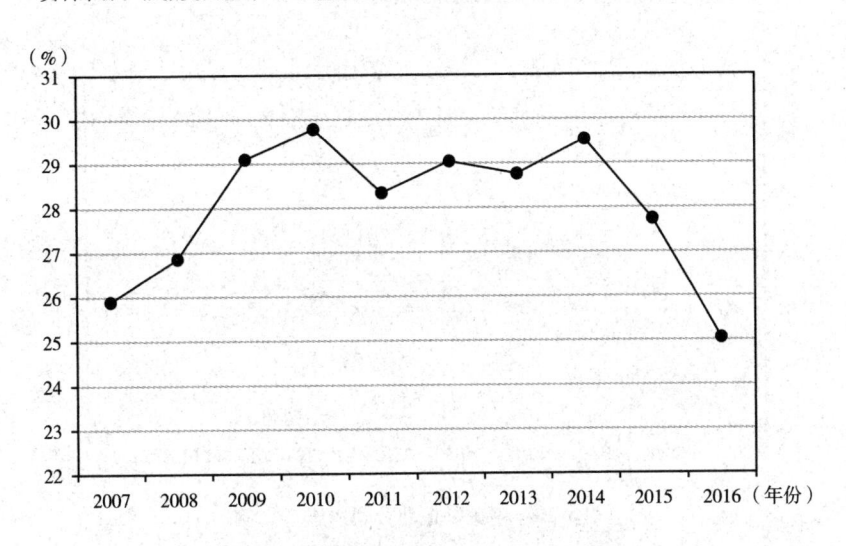

图 6.8　中美制造业公司内出口比例

资料来源：根据美国统计局网站数据整理计算，网址：https://relatedparty.ftd.census.gov。

在制造业进口方面,与中美总的公司内进口和中美总进口数据相一致,中美制造业公司内进口所占比重较小,但呈现出逐年增加的趋势,如图6.9和图6.10所示。

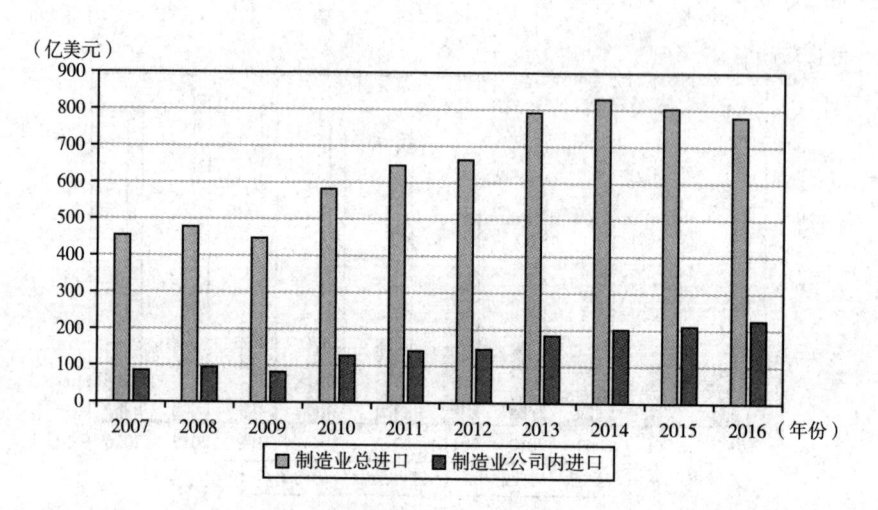

图6.9 中美制造业总进口与中美制造业公司内进口

资料来源:根据美国统计局网站数据整理计算,网址:https://relatedparty.ftd.census.gov。

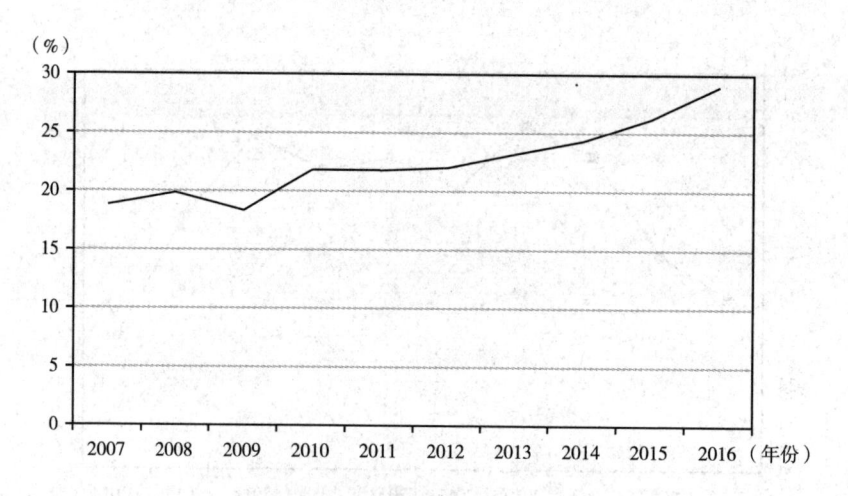

图6.10 中美制造业公司内进口比例

资料来源:根据美国统计局网站数据整理计算,网址:https://relatedparty.ftd.census.gov。

6.2.3 制造业细分数据

图 6.11 和图 6.12 是 2016 年中美制造业公司内贸易出口和进口的各产业比重，可以看出，在公司内出口中计算机和电子产品所占的比重较大，约 58%，其次是机械产品和电子设备，分别占 9% 和 8% 的比重。

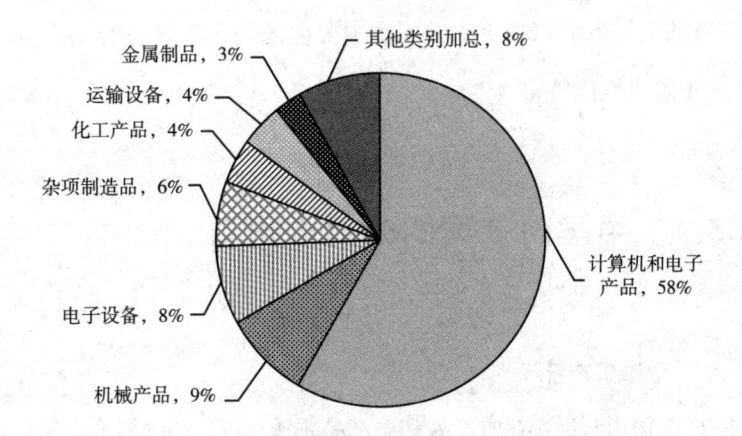

图 6.11　2016 年中美制造业公司内出口的产业分布

资料来源：根据美国统计局网站数据整理计算，网址：https://relatedparty.ftd.census.gov。

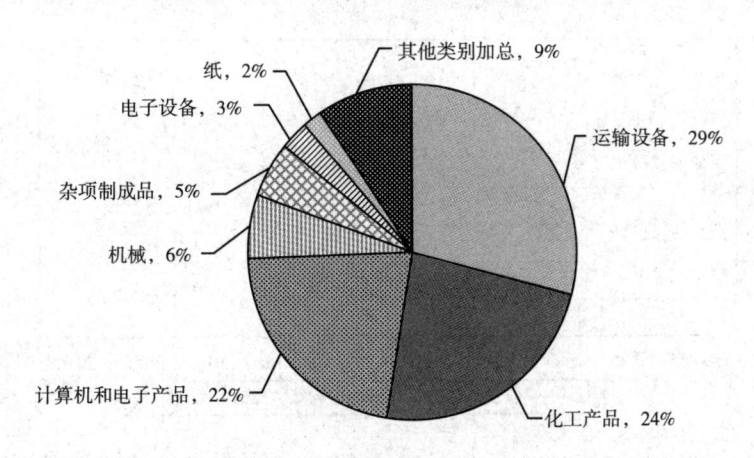

图 6.12　2016 年中美制造业公司内进口的产业分布

资料来源：根据美国统计局网站数据整理计算，网址：https://relatedparty.ftd.census.gov。

在2016年的公司内进口中，运输设备占比最高，约占29%的比重，其次是化工产品和计算机及电子产品，分别占24%和22%的比重。

6.3 中美贸易中公司内贸易的一些基本特征

我们分析了2007～2016年十年间中美两国公司内贸易的基本概况，试图得出一些规律性的特征。

6.3.1 中国向美国的公司内出口

1. 农产品和矿产品

从图6.13可以看出，在农产品和矿产品领域之内，中国向美国的公司内出口较少，在大多数年份均低于10%，农畜产品在2013年以后上升到10%以上。

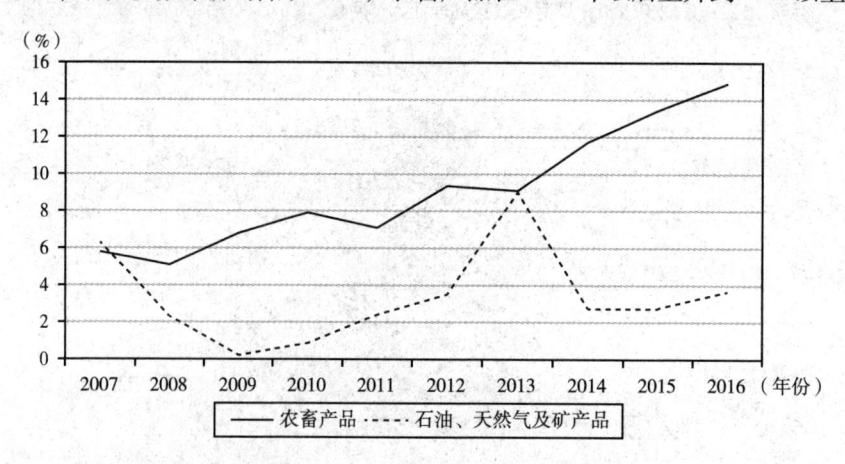

图6.13 中美公司内出口：农畜产品和石油、天然气及矿产品

资料来源：根据美国统计局网站数据整理计算，网址：https://relatedparty.ftd.census.gov。

2. 制成品

中美两国公司内贸易中比重最高的是制造业。如图 6.14 所示，在中国向美国的公司内出口中，制造业 3①长期位于 30% 以上，但在 2014 年以后呈下降趋势。

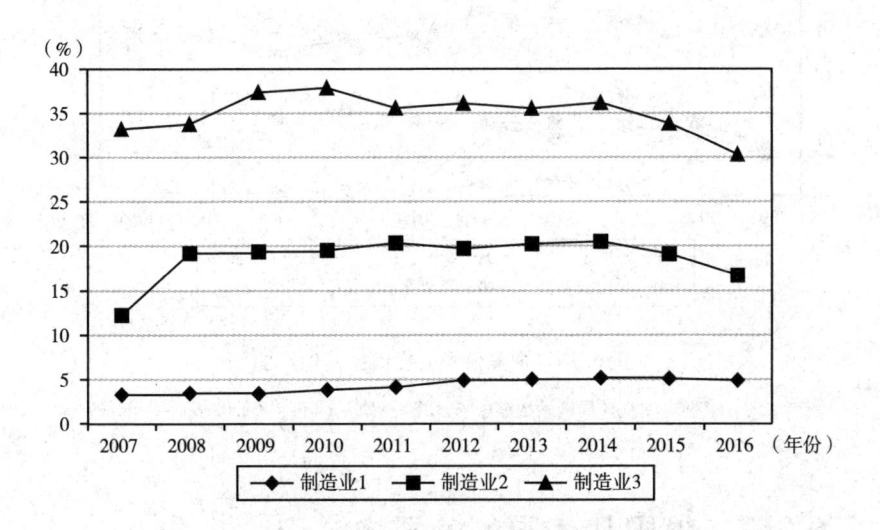

图 6.14　中美公司内出口：制造业（2007~2016 年）

资料来源：根据美国统计局网站数据整理计算，网址：https://relatedparty.ftd.census.gov。

3. 其他产品

如图 6.15 所示，在其他产品项目中，公司内出口的比重大多数较低，如特殊类别商品、二手商品和废旧物品均在 20% 之下，大多数年份处于 10% 左右。然而，表现非常独特的是印刷品，其公司内进口的数据在 2009 年高达 60%，但在 2012 年以后却没有统计数据。可以看出，某些特定商品从中国的公司内出口占比较高。

---

① 美国统计局的公司内贸易统计数据是基于北美产业分类系统（North American Industry Classification System，NAICS）进行的，其中制造业分为 31、32、33 大类，31 包括食品加工、农产品制造成品和纺织品等；32 包括木制品、纸制品、石油和煤制品、基础化工产品、药品、塑料制品等；33 包括金属制品、工具、电子产品、机械产品、运输工具、家具及杂项制成品等。在本书中用制造业 1 指代 31，制造业 2 指代 32，制造业 3 指代 33。

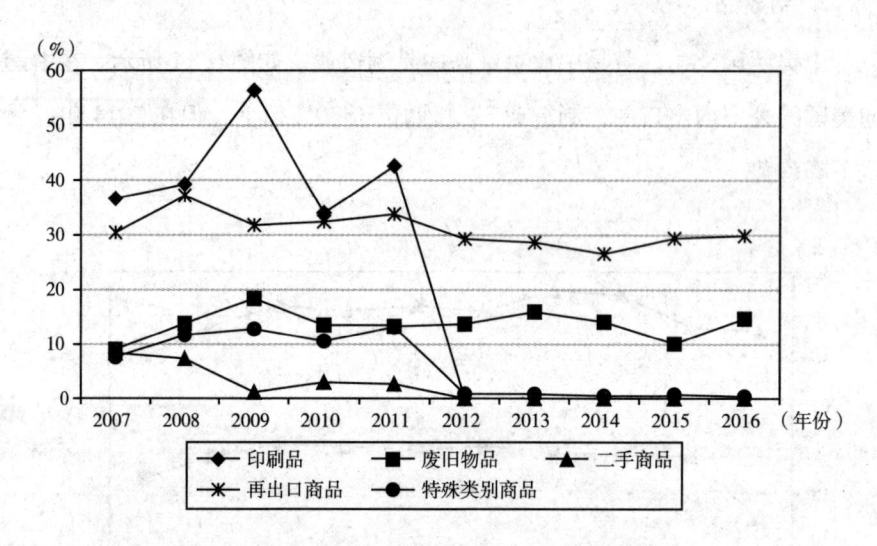

图 6.15 中美公司内出口：其他产业

资料来源：根据美国统计局网站数据整理计算，网址：https://relatedparty.ftd.census.gov。

6.3.2 中国从美国的公司内进口

我们同样分析了中国从美国的公司内进口数据，呈现出的规律是，总体来说，中国从美国的公司内进口比例呈现较低的水平。其中，农产品和矿产品公司内出口较低，在5%左右的水平；制造业的大多数部门在20%以下；其他类别的商品均在5%以下，只有印刷品在一些年份在10%以上。

1. 农产品和矿产品

如图6.16所示，美国向中国在农产品及矿产品方面出口水平较低，在大多数时间都在10%以内，但石油、天然气及矿产品在2014年以后呈现迅速提高的趋势。

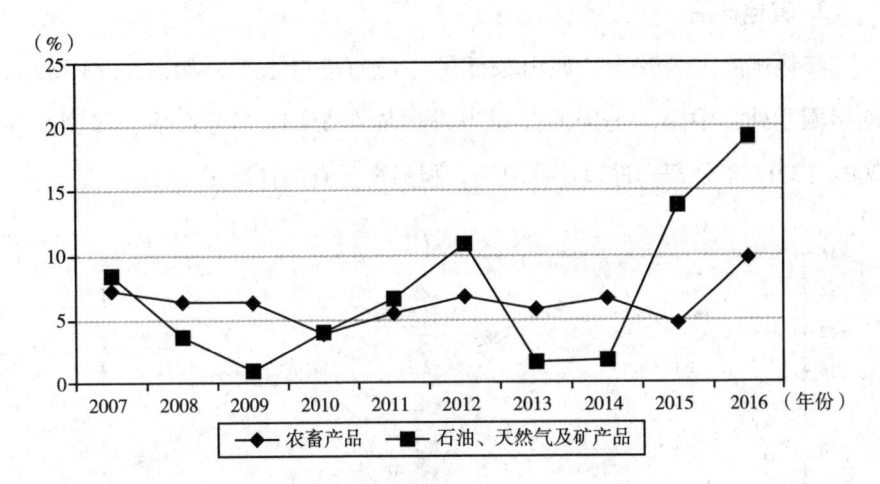

图 6.16 中美公司内进口：农矿产业

资料来源：根据美国统计局网站数据整理计算，网址：https：//relatedparty.ftd.census.gov。

2. 制成品

图 6.17 显示，中国从美国的制造业公司内进口与出口呈现出不同的趋势，制造业 1 长期处于 10% 的低水平，而制造业 2 在 20% 左右，制造业 3 在 15%~25%，其中制造业 2 和制造业 3 均呈现出缓慢上升的趋势。

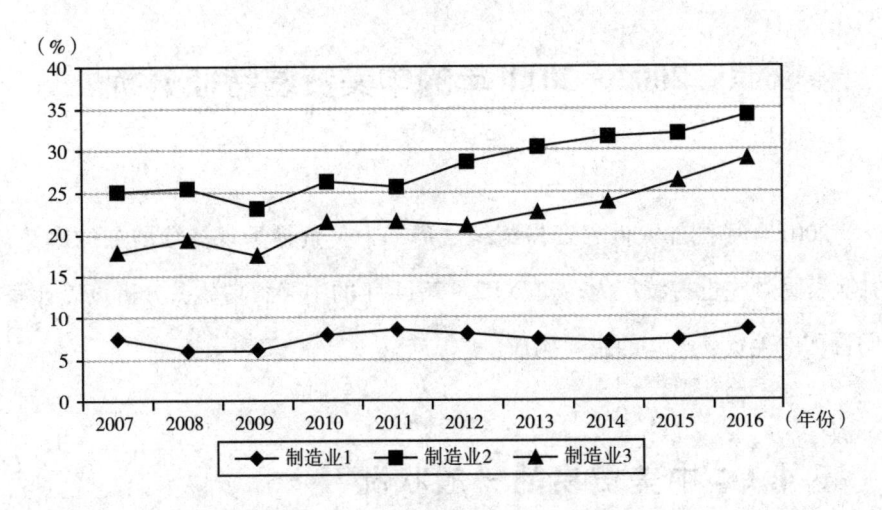

图 6.17 中美公司内进口：制造业

资料来源：根据美国统计局网站数据整理计算，网址：https：//relatedparty.ftd.census.gov。

3. 其他产品

其他产品大多数均呈现出较低的公司内进口水平，如图 6.18 所示，除印刷品外，中国向美国的公司内进口均在 5% 以下的水平，印刷品在 2007～2011 年公司内进口比例较高，但后期没有统计数据。

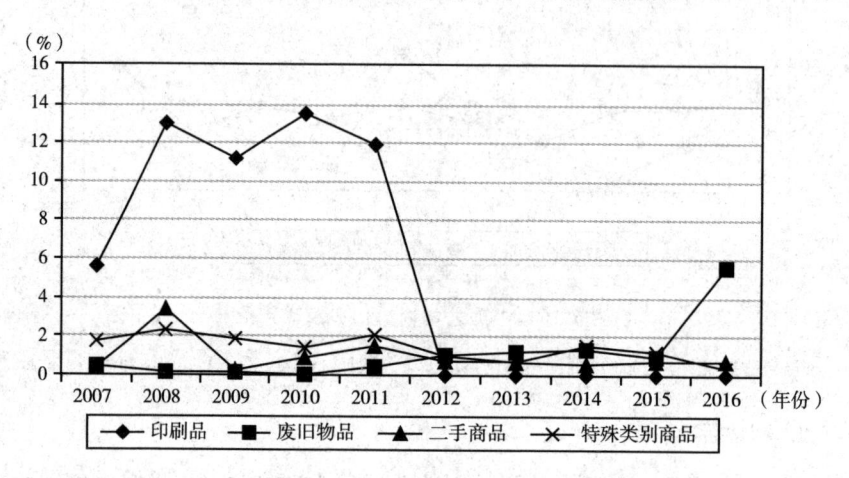

图 6.18　中美公司内进口：其他产业

资料来源：根据美国统计局网站数据整理计算，网址：https://relatedparty.ftd.census.gov。

6.4　2002～2011 年的中美贸易特征分析

2001 年中国加入世界贸易组织之后，中美贸易呈现持续增加的趋势，并且贸易顺差也持续扩大，对 2002～2011 年的中美贸易数据分析可以让我们看到中美贸易顺差的主要构成。

6.4.1　中美贸易的一般状况

2007 年美国发生的金融危机，其波及面之广不仅影响到美国自身的

第 6 章 中美贸易中的公司内贸易

经济，也对中国乃至全球的宏观经济运行带来较大的影响，一个最直接的后果是 2009 年全球经济的全面萎缩，中国在 2009 年的进出口态势也出现了前所未有的增长乏力的情形，直到 2010 年之后才出现缓慢的恢复局面。另外，从 2001 年起，中美贸易顺差也有逐年扩大的趋势，这种趋势仅在 2009 年有所收缩。2001 年的中美贸易顺差约为 281 亿美元，而到 2011 年则超过了 2 000 亿美元，达到了 2 023.4 亿美元的水平[1]（见图 6.19）。

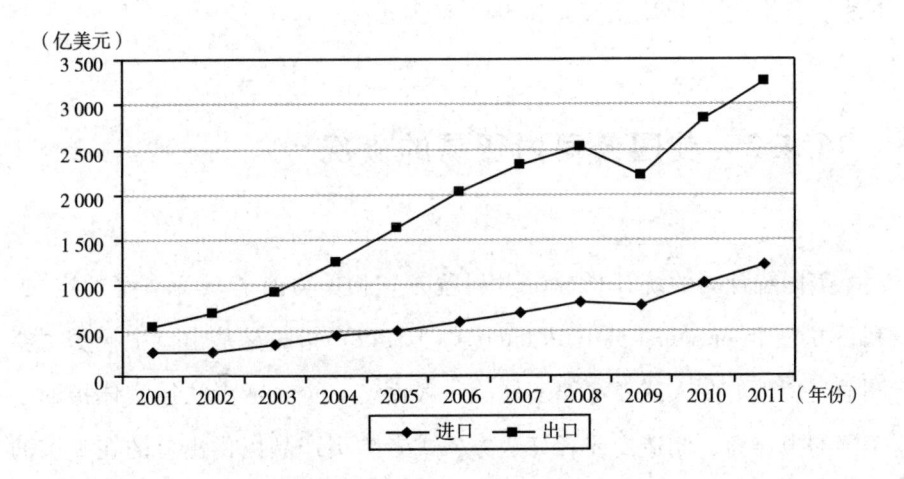

图 6.19　2001～2011 年中美货物进出口数据

资料来源：国务院发展研究中心信息网对外贸易统计数据。

以 2011 年为例，在海关统计的 22 个产品类别中，中美贸易的最大顺差来源于机电设备（1 205 亿美元[2]），包括家具、玩具、游戏、运动品在内的杂项产品（314 亿美元），纺织品（309 亿美元），鞋帽伞等制成品（149 亿美元），贱金属及其制品（95 亿美元），毛皮革产品（57 亿美元），塑料橡胶制品（54 亿美元），陶瓷玻璃制品（40 亿美元）八大类产品；珠宝贵金属、食品饮料、木制品、艺术品及武器五项产品也有一定程度的顺

---

[1] 按照美国官方统计，2011 年的中美贸易顺差高达 2 950 亿美元，这表明两国在统计口径和统计方法上仍然有一定的区别。

[2] 以下括号内的数据均是 2011 年的贸易差额。

差（共约44亿美元）；中美贸易中进出口基本持平的产品类别有化工产品，运输工具（车辆、船舶、飞机等），仪器、乐器、光学设备；中美贸易处于逆差的产品类别有植物产品（131亿美元）、纸制品（28亿美元）、矿产品（28亿美元）、动物产品（8.8亿美元）、油脂类产品（2.5亿美元）等[①]。值得注意的是，未归入前面21类的特殊交易品和未归类产品的贸易逆差在近年来有惊人的增加，2008年和2009年还分别为1.3亿美元和1.6亿美元的顺差，2010年和2011年就转为逆差，并且逆差规模迅速扩大，分别达到5.95亿美元和38.5亿美元。

6.4.2 美国公司内贸易的概况

美国统计局的统计指标中对利益方和相关方有着较为清楚的定义，利益方（US principal party in interest，USPPI）指的是从出口中接受主要利益、货币的个人或者法律实体。一般而言，个人或者法律实体指的是美国的出口商、制造商或者订购方，或者购买产品以供出口的在美国的外国实体。相关方交易指的是在利益方和最终收货人之间的贸易，其中一方直接或者间接拥有另一方10%或者以上的股权。2011年，美国的相关方贸易总值为14 845亿美元，占总的货物贸易额36 675亿美元的40.5%，其中包括全部的货物出口和消费品进口。其中，消费品进口的相关方贸易总额为10 562亿美元，占消费品进口总额21 869亿美元的48.3%；货物出口的相关方贸易额为4 283亿美元，占总出口14 805亿美元的28.9%。与2010年相比，美国相关方贸易在2011年增加了14.6%，总贸易增加了15.5%。

[①] 其中矿产品（如2008年）和动物产品（如2010年）在有些年份是贸易顺差。

6.5 中国企业的贸易表现

玛挪瓦和张（Manova and Zhang，2009）对中国企业2003~2005年的详细研究表明，中国贸易公司在其贸易活动中呈现出一些特别的规律性。

6.5.1 中国企业的公司内贸易更加集中

大多数贸易发生在少数企业中，它们往往进出口多样的产品，与大量国家发生交易活动。其中进口的分布更加分散（偏态、非对称），在进口商中有更多的小企业，这一发现与梅利兹（2003）的异质性企业出口的研究结论是一致的。两种类别的企业拥有不同的分布，表明与出口相关的进口拥有更低的固定成本，进口商在生产率方面也比出口商更加分散（边际成本）。相对比而言，关于美国企业的研究呈现出更加偏态的贸易流、产品和贸易伙伴密度分布。这一差异的产生是由于大量的小型美国企业，仅进行有限的产品种类的交易，与少量的国家交易。这一模式表明中国企业面临着更高的固定贸易成本，提高了出口和进口的分界生产率。由于美国有更高的金融发展水平，更小的企业更加易于控制成本，小型的中国企业可能不会获得足够的外部融资。

6.5.2 中国企业的进出口模式呈现不同的规律性

平均而言，进口商比出口商的交易商品种类更多，但出口商与更多的国家进行交易。类似地，68%进行双向交易的企业中，进口商品多于出口商品。53%的企业出口的国家数多于进口国家数。这一模式与中国企业进口中间品并进行加工，然后进行最后的组装和再出口的观察是一致的。也可以解释为什么大多数企业从少量的来源国进口很多中间投入品（低成本），然后将其加工成最终产品后向更多数量国家进行出口。

6.5.3 企业的贸易模式因所有权结构不同呈现不同特点

企业的贸易活动与企业的所有权密切相关。外国企业的附属机构比合资企业在平均水平上更多地进行公司内贸易，更倾向于双向贸易，合资企业则在这些方面超过私营企业。更进一步地，进口产品密度和来源国的数量随着外国所有权的提高而增加。出口的产品密度和目的国则表现出相反的迹象，也就是说，外资企业的公司内贸易规模相对于私营企业较少。与私营企业相比，外资企业和合资企业从更多的国家进口商品，但是向更少的目的地出口商品。一个可能的解释是这一模式反映出国内企业加工少量的基础投入品或原材料，如果其生产的产品是最终产品，也会是较为简单的最终产品，而外资企业主要生产高技术的最终产品，这一类产品需要大量的投入品集中而成。与这一发现保持一致的是，对外直接投资的产权模式可以预测更多的跨国公司在研发密集度高的部门进行生产。外资企业更多地从国外进口原材料，国内企业则倾向于从本地获得原材料。与国内公司相比，外资企业可能会从更多的来源国进口原材料，因为它们可以更有效地在全球范围内配置资源，或者说，它们所需要的原材料无法在本国获得。在异质性企业的模型中，出口目的地较为多元化，说明跨国公司有能力进入更多的市场。外资企业，可能在中国从事中间品的生产，然后复出口未完成的产品来进一步加工。因为跨国公司不可能在所有的消费品市场拥有分公司,因此它们的中国子公司可能会记录下较少的进口。

6.5.4 出口企业和进口企业的集约边际和扩展边际呈现不同特点

出口企业的集约边际和扩展边际存在较大的差异,并且也与所有权结构相关。国内企业一般来说出口和进口更多种类的产品,但每一种产品的量不是很大,合资企业和外国企业遵循一种非单调的关系,对中间产品的进出口最多。同时,有多个进口来源地的公司进口得更多,出口公司则呈现出一种"U"形趋势。

在相关研究中,研究者们的结论是,在企业的集约边际和扩展边际之间存在一种单调的关系(Bernard et al.,2009;Eckel and Neary,2010),这种单调关系产生的原因很大程度上是贸易的成本结构和企业竞争的性质。贸易的模式越复杂,则决定企业的最优范围和规模的经济因素就越多,此项研究发现,在国家水平上,有可能出口和进口成本存在着显著的差异,企业在对于不同产品和不同国家的贸易中所面临的贸易成本也存在较大的差异。另外,企业的成本差异也来自其所有权结构,这些因素会影响到企业的一体化和区位决策。

6.5.5 企业的进入和退出较为频繁,国内企业尤其明显

企业趋向于退出和重新进入,并且经常改变自己的贸易伙伴和产品组合。外资企业和合资企业有着更高的生存率和更少的产品组合、更少的贸易伙伴。这些发现与以前的实证研究结构互为印证,实证研究表明企业生

产率和总生产率方面存在着较大的波动性。同时，产业内贸易的理论模型中所描述的企业动力和公司内贸易的贸易量之间也存在相关性（Melitz，2003；Bernard et al.，2009）。特别地，我们的发现表明企业面临着足够低的沉没成本或足够波动的成本及需求冲击，所以不得不随时调整其扩展边际。所有权的不同类型表明外国公司有更高的沉没成本或经历了较少和较小的冲击。如果企业面临流动性限制，外国跨国公司的分支机构能够更好地面临负面冲击，因为它们可以直接向母公司求助。

6.5.6　贸易中所有的增长来自集约边际的扩展

中国在2003~2005年的出口是由企业进入驱动的（30%的总扩展边际），现存企业已有商品的扩大出口（42%的企业扩展边际）及已存出口增加新产品和新目的国（28%的集约边际）。这一数据在进口层面相应为27%、51%和22%。如果忽略企业的异质性而只专门关注中国的产品构成和贸易伙伴总量，贸易中几乎所有的增长都来自集约边际的扩展。每种商品的贸易流和每个贸易伙伴的贸易流几乎是不变的，而每个贸易商贸易流的增加与总贸易量的增长趋势是一致的。这些结论表明，中国贸易的最大推动力量来自企业不断增加的产品和市场，从这个意义上来看，理解企业异质性和企业的贸易决策对于理解总贸易流来说是至关重要的。

6.6　小　结

对上述公司内贸易的数据进行总体分析，可以发现，中美贸易中，公司内贸易对中美贸易顺差的贡献是不可忽视的。因为，在中美贸易顺差最大的制造业部门，其公司内贸易的比重也最高；并且总体来看，美国从中国的公司内进口远远高于美国向中国的公司内出口水平。钱学锋、黄汉民（2008）的实证分析也表明，美国跨国公司在华子公司从其美国子公司进口每增加1%，将导致中美贸易不平衡增长0.19%；中国向美国出口中来自东亚主要经济体的进口中间投入品每增加1%，将会导致中美贸易不平衡扩大0.37%。

（1）公司内贸易是中美贸易顺差不可忽视的重要内容，同时，公司内贸易呈现出较大的波动水平，但总体来看，中国向美国的公司内出口比例高于公司内进口比例。

（2）公司内贸易是中美制造业贸易顺差的重要贡献者，由此来看，中美贸易争端的加剧，首先会导致美国跨国公司的利益受损；其次会导致美国的消费者福利水平下降；最后会导致中国相关企业的劳动者的利益受损。

（3）中美贸易中，制造业所占比例最大，同时制造业中的公司内贸易比例也最高，说明跨国公司更多地通过在中国进行投资、并购或者成立合资企业的模式，利用中国的原材料、劳动力等成本优势，进行全球资源的配置和整合，从而达到其全球化布局以及利益最大化的双赢局面。

（4）美国目前的贸易政策较为激进，表面上，美国试图通过减税来降低企业负担，通过对相关产业（主要是农业）进行补贴来抵销贸易战对其带来的冲击，但总的来说，美国的贸易政策可能会使部分产业受益，然而制造业并不属于受益部门。

第 7 章
中美公司内贸易的动因分析

跨国公司对外直接投资的开展是公司内贸易的前提,经济和信息的全球化给跨国公司带来了巨大的扩张和投资空间,企业为追求利润最大化在全球进行资源配置,实行一体化管理,并将各个附属机构进行分工和有机结合,由此建立一个全球化的价值增值链。最早对于公司内贸易的研究始于对跨国公司行为的关注,而不是从国际贸易的视角,跨国公司进行公司内贸易的主要动机包括绕开贸易管制、在全球范围内配置资源、逃避税收、利润平衡、避开东道国的政策限制、规避风险等。

7.1 跨国公司生产组织模式的选择

跨国公司在进行扩张的时候面临着一系列的选择和策略,一些企业选择设立外国分支机构来进行各种各样的决策安排,如研发、售后服务、零部件的生产、成品组装、批发、零售等。一些企业从分支机构购买,然后集中在一个地点进行组装,其他企业在一个地方生产零部件,然后把最后的装配环节分置在距离消费者较近的多个地点。还有一些企业则在低工资水平的区域设立机构,让该机构服务于全球的客户。外国直接投资的动机也同样是多元分散的，但其最重要的动因就是节省要素成本、节省运输成本、节省交易成本或者达到规模经济。

国际贸易和外国直接投资的理论传统上涉及的两种不同形式的跨国行为，是基于完全不同的动因。纵向一体化的跨国公司是一家企业将其生产的各个环节纵向分布，使生产环节分散化，其根本的动因很可能是不同国家的要素价格差异。横向一体化的跨国公司则会在不同的地点重新配置整个工厂，这样的横向分散化主要是为了节约运输成本和贸易成本，例如，有些企业在母国设立总部，而在其他国家设立工厂以服务当地的市场。

当世界上只有两个国家和两种生产行为时，纵向一体化和横向一体化的国际直接投资的区别非常明显。但世界上拥有众多国家、众多生产流程，一些组织形式并不能很清晰地归入上述两种分类。例如，有的跨国公司可能在外国分支机构进行生产，然后向第三国出口，这种形式被称为"出口平台型FDI"。或者还有这样的形式，企业会选择只在一个国家生产中间产品，以节省生产成本和随后的各种运输成本，这种形式被称为"复杂一体化策略"。根据费因伯格和柯阿内（Feinberg and Keane, 2005）的报告，在加拿大设有分公司的美国跨国公司中，只有12%的企业仅有少量的公司内贸易记录，从而可以被归类为纯粹的横向一体化企业；有19%的企业有单向的公司内贸易流，可以把它们归类为纯粹的纵向一体化企业；其余69%的企业可以被称为混合体，它们采取的是更加复杂的一体化战略。类似地，汉森等（Hanson et al., 2005）的研究也发现，美国跨国公司和其外国分支机构之间的交易流有着非常复杂的模式，外国分公司可以成为出口平台，也可以成为生产环节的一部分，即增加值提供者，还可以成为外国市场的批发商。上述研究是基于20世纪90年代的数据进行的，然而，简单地把外商直接投资归类为横向和纵向并未抓住其核心区别及跨国公司的战略范围，大多数企业的选择既不是纯粹的纵向直接投资，也不是纯粹的横向直接投资，因此，发达国家与发展中国家之间的贸易投资模式可能更适合用所谓的南北贸易模型来描述。在易普勒（2003）的研究中，构建了由两个北方国家和一个南方国家构成的南北贸易模型，企业的总部位于其中一个北方国家，该生产环节需要两种投入品，经过组装形成最终产品。一种投入品在北方生产更便宜，另一种投入品在南方国家生产更便宜，运输成本是一个所谓的"冰山"运输成本，占中间品或制成品的一定比例。所有的生产环节都可以在北方进行，企业可以有多种选择：（1）国内企业，则所有生产环节在有总部的北方国家内完成；（2）纵向跨国公司，一个零部件在母国生产，另一个则在南方国家生产；（3）横向跨国公司，在两个北方国家均设立生产设施，同时在两国均生产两种投入品；（4）复合跨国公司，在南方国家生产一种投入品，另一种投入品在两个北方国家均进行生产。在模型中，所有的企业在均衡状态采取了一样的一体化战略，基于要素价格的差异、运输成本的差异和固定成本的差异，企业会做出不同的均衡性选择。

另一个类似的研究由艾克赫姆等（Ekholm et al., 2007）做出，他们建立了两个北方国家和一个南方国家的模型，两个企业各自在其中一个北方国家有总部。这些企业将选择在母国生产中间品，但会选择在一个或多个其他国家进行装配，企业将会有四种选择：（1）国内企业，选择所有的活动放在母国国内；（2）纯粹的横向跨国公司，在两个北方国家进行装配；（3）纯粹的出口平台，在南方国家进行装配；（4）复合跨国公司，在三个国家均进行装配，企业的组织模式选择反映出的是以下成本的比较和权衡：运输成本、相对成本优势和进行外国直接投资所带来的固定成本。

当企业面对着一系列丰富的组织形式选择的时候，如何进行一体化的战略选择？引入了企业异质性的因素，表明企业在进行一体化选择的时候，不仅受到成本的影响，也会受到自身生产率水平的影响。格罗斯曼等（Grossman G. M. et al., 2006）建立了一个三个国家的模型——一个南方国家、一个东方国家和一个西方国家，东方国家和西方国家有较高的工资水平，是一般意义上对称形态的北方国家，南方国家则有着较低的工资水平。在生产过程中，每一种产品的生产都经过两个阶段，首先生产中间产品，其次进行装配，形成最终产品。而每一个生产阶段都可以分布在不同的国家，也可以在一个国家内完成。假定在南方国家生产中间产品和组装最终产品的生产成本较低，企业必须承担相应的固定成本。中间产品和最终产品的贸易均会产生贸易成本，也会产生运输成本。在他们的模型中，重点考虑的是中间产品和最终产品的相对运输成本、相对固定成本以及南方国家的消费者比例。每一个产业的进入者其生产率符合一个特定的分布，当企业做出一体化战略的决策时，它们已经知道它们的生产率水平。在均衡条件下，不同生产率水平的企业会做出不同的决策，因此，同一产业的不同企业中多种生产组织模式会并存。企业的决策和其区位选择具有深刻的互补性，可以称其为"单位—成本互补性"。总的来说，装配型直接投资是与零配件直接投资互补的，当在国外的装配固定成本上升时，就降低了企业在外进行直接投资生产零配件的比例。反过来也是一样，当进行零配件直接投资的固定成本上升时，就会降低在国外进行装配型直接投资的比例。当企业将其生产流程配置在低成本国家的时候，就会产生一个所谓的"单位成本互补性"，因为相应地会降低单位成本。当有更低的生产成本时，企业将会增加产出的规模，同时有更大的动力将生产移至国外，这一类的互补性常常存在。

当存在最终产品的运输成本时，会产生一种"零配件来源"互补性，也就是说，要么运输中间产品到最终产品的装配地点，要么直接装配中间产品，然后将最终产品运输到国外。当不同生产活动的替代弹性不是太高的时候，将装配环节移到最终产品的消费国，即南方国家较为划算。还有一种互补性称为"集合互补性"，当中间产品的运输成本较高时，企业将有动力将中间产品的生产布局在离装配生产线较近的区位。

7.2　离岸生产和外包

赫尔普曼（2011）以离岸（offshoring）和外包（outsourcing）分别定

义两种情形。在他的定义中，离岸指的是从海外采购，无论是公司内贸易还是保持距离型贸易，而外包则指的是从非关系型企业进行采购，无论这个企业是在国外还是在本国。按照他的定义，近年来离岸交易显著增长，特别是中间投入品的贸易。芬斯特拉和汉森（1996）发现，1972~1990年，美国企业所进口的中间投入品几乎翻了一番，从5%增加到11.6%，其他研究者指出加拿大和英国也有类似的情形。与此相伴随的是外国直接投资活动，在2007年超过了18万亿美元，其增速快于对外贸易的增速。伯纳德、詹森和肖特（Bernard, Jensen and Shott, 2009）研究发现，在2000年美国的550万家企业中，大约有1.1%的企业是从事对外贸易的跨国公司。这些企业提供了3 100万个就业岗位，占到美国就业的27.4%，这些企业控制了美国进口的90%以及超过90%的出口。在进口中，大约1/2的交易是公司内进口，出口中接近1/3是公司内出口。

企业为什么会选择外包或者离岸？为什么有些企业会将其生产流程分解后分配到不同的国家，而另外一些企业则选择内部一体化生产？很显然，外国直接投资所带来的一个结果是使贸易和直接投资之间相互依赖、相互影响，同时直接投资的模式会影响贸易的模式，直接投资的营利性会影响贸易活动的营利性。

离岸发生的原因可能是20世纪70年代之后发达国家普遍的工资上涨，而另一个重要的动因则是全球化的发展。芬斯特拉和汉森（1996）发现，从发达国家到发展中国家的对外直接投资会引起两个国家收入差距同时增大。现代生产流程需要大量的中间投入品，也即较为繁复的中间环节，这些中间投入品的要素密集度是有差异的，例如设计是技巧或知识密集型的，而装配则是非熟练劳动密集型的。当两个国家的要素价格存在相对差异的时候，在发达国家的非熟练劳动力的相对工资较高。如果将中间投入品的生产环节移至发展中国家，则会节省在价值链上的低技术密集型环节的增值。芬斯特拉和汉森（1997）在对于美国向墨西哥的对外直接投资的研究中发现，美国企业的直接投资与墨西哥熟练劳动的工资水平上升是正相关的，而且，在直接投资集中的区域，直接投资对工资上升的影响占到大约50%。

格罗斯曼和罗西—汉森伯格（Grossman and Rossi-Hansberg，2008）将生产分解成一个一个的任务，多个任务完成之后就可以生产出制成品。有些任务是熟练劳动密集型的，另一些则是非熟练劳动密集型的。每一个任务都可以在国内进行，也可以在国外进行，但由于运输和通信成本的影响，海外生产的成本更高。在此条件下，企业需要决定进行离岸生产环节的比例，来使成本最节省，它们往往会选择非熟练劳动成本最低的国家，如印度或者中国。在上述研究中，将熟练劳动密集型的任务进行离岸生产是不可能的，并且不同的任务其非熟练劳动的密集程度也不同。在非熟练劳动密集型任务进行离岸生产的过程中可以得到三个效应：生产率效应；相对价格效应；劳动供应效应。

当离岸生产越来越便宜的时候，越来越多的任务会进行离岸生产，从而使得资源配置的效率更高，这就是所谓的生产率效应。随着离岸生产的进行，生产要素的相对价格会发生调整，稀缺要素的价格会相对下降，丰裕要素的价格会相对上升，这被称为相对价格效应。从劳动力的角度来看，在离岸生产的过程中，对非熟练劳动力的需求会逐步下降，而对熟练劳动力的需求会逐步上升，从而引起劳动力市场的相应调整，人们会受到驱动不断地提高自己的熟练程度，进而增加熟练劳动力的供给，这被称为劳动供应效应。

7.3 国际贸易和投资中的要挟问题

二战后，世界贸易的大幅度增长很大程度上是因为在世界贸易体制的推动下贸易壁垒的大幅度、系统性下降，但当贸易壁垒的下降速度显著减缓时，贸易量还在大幅度增加，也就是说，贸易壁垒只能部分解释贸易量的增加。芬斯特拉（1998）指出，外包可以解释其余贸易量的增加。在生产流程当中，产品多次跨越国界，由于关税水平下降使这一成本大大降低，导致贸易统计量大幅度增长。易（Yi, 2003）利用一个动态李嘉图模型分析了企业选择纵向专业化的可能性，并且肯定了纵向一体化在解释贸易流和贸易自由化方面的重要意义。从交易费用经济学的层面来看，不完全合约、专用资产限制了中间品贸易的可能性。随着贸易壁垒的下降，对于企业的影响可以从"贸易"和"投资"两个层面展开。一方面，关税下降有利于纵向一体化策略的可能性，投资可以跨国进行；另一方面，中间品的可合约性、不完全合约、要挟等问题的存在，使得纵向一体化显得更有必要性。可行性和必要性合在一起，就形成了诸多公司的纵向一体化投资行为以及公司内贸易的发生。

当存在要挟问题的时候，企业的投资决策是受到限制和约束的，在国际环境中显得更加困难。一个国内的下游企业和一个国外的上游企业会对于某种专用性零部件进行频繁的讨价还价。在讨价还价过程中，合约条款的目的在于保证生产的事后效率，但合约的不完全意味着上游企业事前的关系型专门化投资通常是低效率的。（1）企业究竟是选择在国内外包还是跨国外包，需要考虑下游企业获得专用性零配件的能力，以及是否存在一个竞争性国内市场；（2）下游企业如果需要从国外采购，则需要支付相应的关税。

在有关外包、投资和一体化的决策中，有着不同的贸易成本产生，也存在着不同的贸易流向。首先，贸易流对于贸易成本非常敏感，有助于我们理解很多贸易流中的令人疑惑的现象；其次，在双向关系中，贸易流对更低的贸易成本的反应呈现出一种非线性的模式，纵向一体化占了1970～1990年贸易增量的1/3，同时，跨国公司内部的中间品贸易对于贸易成本是高度敏感的。最后，当贸易自由化推动纵向一体化的时候，投资和贸易的决策并不是那么清晰可辨的，外国上游企业在并购之后表现出生产率的提高以及投资的增加。

要挟问题是契约经济学中常见的问题，会发生在许多场景当中，如雇主与雇员的关系、投资者和被投资者的关系等。在国际贸易领域中，要挟问题在中间品的国际贸易中尤其普遍，要挟问题往往出现在无法签订完全合约以及投资专业化的情景。在某些情形下，企业可以通过重新配置财产权利来化解这些情况，也就是说，企业可以通过纵向一体化来解决要挟问题。众多研究者也指出简单的合约就可以提高交易的效率，然而，现实问题在于，即使这些补救措施能够无成本实施，仍然存在投资不足的情形，因为在有些环境中，法律体系无法实施相应的合约，这就关系到合约可实施性的问题，特别是在很多国家中，法律环境并不能够保证跨国投资者的合约利益。因此，简单地通过合约来解决要挟问题显然是过于理论化了，即使在国际环境中需要签署合约，但合约显然不是产权保护中的充分条件。

从自给自足到自由贸易增加了外包的可能性，因为它使市场的厚度增厚，也就是说，企业愿意与国际市场中的下游企业进行合作，提高产出的效率。市场厚度无疑会提高外包发生的概率，当贸易成本下降的时候，进行离岸外包的可能性大于跨国一体化生产。当纵向一体化允许上下游部门进行利润分享的时候，所有的与价格和贸易政策相关的冲突就会得到解决。因此，纵向一体化可以通过确定金额的固定成本解决要挟问题。也就是说，纵向一体化可以使得贸易自由化的效果得到发挥，在纵向一体化和保持距离型安排之间进行决策。但这并不意味着贸易自由化可以降低纵向一体化的净收益。原因在于贸易的期望值比企业一体化之后会更大，关税的直接成本也会更高。总的来说，企业选择贸易还是选择对外直接投资，相互之间可能是竞争性关系，但对于很多企业来说，也可能是互补性的关系。如果考虑到中间品的贸易，很有可能这两种效应是并存的。因为贸易自由化会降低贸易成本，从而使要挟问题通过更频繁的贸易活动得以解决。另外，更低的贸易壁垒可能会使投资行为增加，出口平台式投资变得更加可行，其互补性变得更加明显。有关日本企业的实证分析表明，外商直接投资增加了日本的纵向相关产品出口,并且这些产品成为新的投入品,表明公司内贸易的规模进一步增大。

7.4 公司内贸易的一般动因分析

7.4.1 克服市场外部性

公司内贸易是一种典型的内部化措施所带来的结果,意味着跨国公司在另一个国家进行投资成立子公司或者合资公司,这些子公司之间的贸易或者子公司与母公司之间的贸易,在统计上均显示为公司内贸易。跨国公司在很大程度上依靠着其技术上的优势对外直接投资,若其技术产品或中间投入品在外部交易,那它所拥有的技术优势将会丧失,被其竞争者模仿。在20世纪80年代后期,美国和联邦德国向发展中国家的技术转移有80%~90%是通过这两个国家国内的母公司向其设在发展中国家的子公司以内部贸易的形式进行的(陈荣辉,1999)。

如果外部市场是完全竞争的,那么跨国公司采取内部贸易的方式则并无优势可言,正是由于外部市场的不完全性,比如政府的干预、限制及信息的不完全性,资产或技术定价缺乏合理性等,使公司内贸易不仅有必要性,而且出现了逐年增加的趋势。虽然跨国公司内部贸易意味着前期的大量调研、投资和磨合成本,前期成本较大,但仍有企业愿意选择这种贸易模式,一个重要的原因也是为了克服保持距离型("arm-length trade",独立企业交易,与公司内贸易概念相对)交易所带来的外部性。这种外部性可能造成产品的独特技术易于被其他公司掌握或者模仿,或者是外部交易自身的不稳定性,因此企业倾向于采取内部化的措施来进行公司内贸易。

例如有些中间产品在质量、性能或者规格上有特殊需求,若通过外部市场获得则供给上存在的不稳定性可能会导致生产难以为继,因而需要把此类产品的生产纳入整个跨国公司的生产体系当中,内部进行交易。这样便可以消除价格的不规律波动、供求不平衡等不确定因素。陈建安(1986)指出,公司内贸易的一种重要原因就是防止技术被竞争者模仿,把生产中的特殊中间产品的供应内部化,以及避免原材料供应的不稳定性。实证研究发现,企业倾向于对知识密集型的高价值产品进行纵向一体化战略,也说明公司内贸易的这种技术或者知识偏向。

7.4.2 获得规模经济效益

跨国公司往往会根据自己的全球化战略进行生产和销售网络的布局,当通信和物流等成本大幅度降低之后,公司进行全球性资源配置的成本逐步降低,生产的各个环节非常易于进行分割。当跨国公司实行一体化规模生产时,必然存在尚未充分加以开发的能力,例如公用管理信息化、系统化后的能力释放以及对公司生产和销售设施进一步加以利用的可能性等,如果在全球范围内进行统一生产和销售,其规模经济收益会大幅度提高。随着全球价值链的出现,跨国公司的生产组织结构在过去20年里发生了巨大的变化,由此导致公司内贸易的重要性不断增加(Lanz and Miroudot,2011)。

7.4.3 利润转移、避税

价格转移是跨国公司内部贸易利润转移和避税的主要手段,很多发展中国家对于外商直接投资普遍持欢迎的态度,然而对跨国公司的利润汇回会施加一定的限制。在这种情况下,跨国公司为了规避这种政策性的限制，往往会采取公司内贸易的方式进行价格转移，从而完成利润的再分配。与此同时，可以在不同的子公司之间平衡收益和利润，减少在高所得税国家的利润收入，从而达到整个公司的利润最大化。跨国公司通常处于有不同税收制度的多国环境，国际税收差异客观存在，特别是众多的"避税港"为跨国公司提供了特殊的税收环境，此时便可以通过价格转移的方式，将所得税率高的国家或地区的子公司转移到所得税率较低国家或地区的子公司，进而减轻整个跨国公司的税负。同时跨国公司的内部交易可以拟订较低的交易价格，来减少纳税的应纳税额基数及关税基数，或是利用一些区域性关税同盟或者优惠协定等达到避税的目的。

克劳新（Clausing，2003）利用美国劳动统计局（BLS）在1997年、1998年和1999年的月度贸易价格数据，来评估公司内贸易与保持距离型贸易的价格差异。该研究将外国的税率放入估计之中，并且引入公司内贸易的虚拟变量，研究结论发现，出口到低税率国家的公司内贸易产品的价格显著低于保持距离型交易的价格；从低税率国家进口的公司内贸易的产品价格显著高于保持距离型交易的价格。具体的研究结论表明，外国的税率每降低1%，相关的美国公司内出口的价格将会降低1.8%，而公司内进口的价格将会提高2%。伯纳德等（2008）发现对任一给定的产品，如果是公司内贸易，美国的出口价格会显著低于保持距离型交易的可比价格，而且这一差距是持续稳定的，在所有情况下的平均差异是0.43个基点，即54%。另外，这一差距对于差异化产品来说更大，达到66.7%；对于非差异化产品来说，仅为8.8%。

7.4.4 降低成本

跨国公司在国际市场上的运作需要一定的成本，即交易成本，具体包括寻找交易对象、获得价格信息等的搜寻成本；为达成合理的交易条件而产生的谈判成本；为保证合同顺利执行而形成的监督成本等。公司内部贸易是在母公司和子公司，以及子公司和子公司之间进行，并且由跨国公司总部进行统一组织和安排，有效地降低"搜寻成本""谈判成本""监督成本"等。科斯（1937）在分析企业形成的原因时，认为内部化交易可以节约交易费用。这里的交易费用包括谈判费用、签约费用、履行合同的费用及搜寻相关信息所需的费用等。公司需要在市场上寻找恰当的交易对象、查看产品、洽商价格以及订立合同，而且还要考虑到东道国的相关经济、政治政策，在这个过程中需要耗费大量的成本，而合约的不完全或者产品中的某些独有特性有可能会导致所谓的要挟问题，这会使得许多跨国公司选择利用直接投资来建立子公司，然后进行公司内贸易。威廉姆森（Williamson，2001）在分析交易费用时也曾指出，由于机会主义行为和人的有限理性，会使契约的履行变得更加不可行，也会增加交易费用，而企业内部组织的行政安排资源配置是降低交易费用的重要途径。

与此同时，跨国公司统一组织和安排的内部贸易会增加额外的成本，主要用来建立和维护管理层等组织费用，包括给付管理人员工资、购置更加先进的办公设备等。跨国公司管理水平的上升和技术设施的进步使这部分额外的成本远远小于在外部市场交易的成本。因而跨国公司在降低成本以达到收益最大化的时候，往往采取内部贸易的方式。

7.4.5 战略性投资，获得长期动态收益

跨国公司进行国际直接投资的动力有很多种，如资源寻求型、市场寻求型、效率寻求型等，综合各种投资动力，有些跨国公司在其他国家进行投资的目标是一种战略性投资，目的是寻求战略性的资产，如信息、技术、知识等。这样的投资在短期内并没有明显的收益，也没有明显的目标性，但在公司的总体布局中却显示出重要的意义。这类投资可能并不一定

引起商品的公司内贸易，但有可能带来服务的公司内贸易，如信息流动、技术流动和知识流动等，这一类公司内贸易显然还没有引起更多研究者的关注，也难以通过统计数据来进行捕捉，但有可能是公司内贸易的一种重要形式。跨国公司一般规模较大，其长远的战略决策意义更加重大，公司在发展的同时也更加注重长远的利益规划。如世界500强企业华为技术有限公司，服务于全球1/3的人口，进入了全球100多个国家。其在进入一个新兴国外市场时必须先承受连续多年的巨额亏损后才能真正打开一个全新的市场，进而扭亏为盈达到持续的盈利，在初期进行市场建设时内部贸易就主要是体现在信息、技术和知识方面。对整个跨国公司来说，短期并未盈利但却具有长远的战略意义和长期的动态收益。

7.5 中美公司内贸易的影响因素

公司内贸易是伴随着国际直接投资的发展而发展起来的，越来越多的公司内贸易体现了跨国公司的全球化布局和资源配置，必然对跨国公司总体而言产生有利的影响，然而，随着贸易量的越来越多，对母国的竞争性公司、东道国的同类产品生产企业以及贸易产品的国际市场产生怎样的影响，还需要进一步讨论和分析。

7.5.1 中美两国之间的地理距离

一般来说，当两个国家的地理位置越远，社会经济发展的差异性越大，越有可能形成互补性的投资，导致两国之间的贸易和投资水平不断提高，这也是1978年以来中美贸易长期增长所表现出来的。

第7章 中美公司内贸易的动因分析

我们可以将中美之间的贸易关系和美墨贸易关系做一个对比性的分析，美国和中国的经济结构差异较大，要素资源禀赋的差距比较大，而墨西哥也如此，但是美国和墨西哥之间的地理距离近，运输成本较低，而中国到美国之间的运输成本远高于前者，无论是水运还是空运，无论走美国东部的大西洋运输线路，还是沿着太平洋进行运输，运输成本都较高。2017年，美国进口汽车总量为830万辆，其中从墨西哥进口约240万辆，从加拿大进口约180万辆，也就是说，就近进口的数量达到总进口量的1/2以上。此外，美国对墨西哥的直接投资规模也远远大于对中国的直接投资，并且分布在各个产业，地理距离无疑是公司内贸易的重要影响因素之一。

除了地理距离之外，中美之间文化、语言、传统等的差异，使得美国对中国的直接投资仅集中在一些较为成熟、可控、标准化生产的制造业当中，并不是分布在各行各业，因此，贸易规模要远远大于投资规模。根据商务部发布的数据，2017年，中国对外直接投资存量为18 090.4亿美元，占全球外国直接投资流出存量份额的5.9%，分布在全球189个国家和地区。存量规模较上年年末增加了4 516.5亿美元，在全球存量排名跃升至第2位，较上年前进了4位，与位列前六的中国香港、德国、荷兰和英国比较接近。美国的总存量规模为7.8万亿美元，中国的总投资规模仅占美国的23.2%[①]。从表7.1可以看出，多年来，美国向墨西哥的直接投资规模一直大于中国，说明墨西哥占有很大的地缘优势。与投资数据相对比，美国与墨西哥的公司内贸易比例远高于中国，据研究，2004~2007年，美国向中国的公司内出口为16%，但是向墨西哥的公司内出口高达46%；从中国的公司内进口为26%，从墨西哥的公司内进口则高达59%（Co，2010）。美国与加拿大公司内贸易也很高，美国向加拿大的公司内出口达42%，从加拿大的公司内进口达到48%。可以看出，在公司

[①] 资料来源：商务部网站，http://data.mofcom.gov.cn/gbtj/map.shtml。

的内部化决策里，地理区位和距离会起到很重要的影响，不仅会影响到运输成本，也会影响到内部运营的相应管理和协调成本。

表7.1　　　美国向中国和墨西哥的 FDI 对比（2009~2017年）　单位：百万美元

国家	2009年	2010年	2011年	2012年	2013年	2014年	2015年	2016年	2017年
中国	54 069	58 996	53 661	54 514	60 454	82 244	92 150	97 287	107 556
墨西哥	84 047	85 751	85 599	104 388	86 433	94 482	101 326	100 734	109 671

资料来源：美国经济分析局，http://www.bea.gov。

7.5.2　制度成本的影响

两国的贸易关系也会影响到公司内贸易的规模和内容。前已述及，当企业进行全球化布局和境外投资的时候，因为有较大规模的前期固定成本，所以风险因素必须考虑在内。当中美两国有着较为融洽的政治经济关系，投资收益也长期看好的时候，企业会为长期的收益进行战略布局。然而，当企业判断两国的政治经济关系存在一定的问题或者未来投资收益不可控制时，保持距离型的贸易成为最优选择。但因为企业进行投资决策需要较长时间的思考和实施，所以短期不一定从统计数据上看到相应的规律。从实证研究的数据来看，中美两国的公司内贸易数据呈现出不规律的波动，很可能与企业的全球化策略和当期决策相关。

如果单纯从地理距离来考虑，就很难解释为什么美国从日本的公司内进口比重高达78.4%，而从沙特阿拉伯的公司内进口也达到72.8%的水平（见表7.2）。我们发现美国的公司内贸易主要集中在美洲、东亚和欧洲三个地区，而三个地区遵循不同的模式。在北美地区的公司内贸易呈现出口、进口"双高"的局面，也就是说，美国与加拿大和墨西哥之间，既有大量的公司内出口，也有大量的公司内进口，表明很多零配件直接由美国运往其他两国，进行加工后运回，或者有相反的操作。与亚洲区域贸易的特点是较高的公司内进口率、较低的公司内出口率。其中，韩国和日本遵循类似的模式，公司内进口率较高，出口率中等或较低；中国大陆和中国台湾地区差不多，公司内出口较低，公司内进口略高，但是远低于日本和韩国。表明跨国公司在中国大陆和中国台湾地区的投资模式与投资意图是比较类似的，而在韩国和日本却遵循另外一种特点。欧洲国家的特点又有所不同，美国与爱尔兰、德国、比利时和奥地利的公司内贸易比例较高，均为进口高于出口。在所有的国家中，美国与加拿大的公司内进出口比例较为平衡，其他国家均呈现出公司内出口比例较低、公司内进口比例较高的模式。

表7.2　　　　美国主要的公司内贸易伙伴（2016年）　　　　单位：%

序号	美国出口			美国进口		
	国家（地区）	公司内出口	非公司内出口	国家（地区）	公司内进口	非公司内进口
1	比利时	61.3	37.1	爱尔兰	85.4	14.5
2	荷兰	51.9	46.6	日本	78.4	20.6
3	墨西哥	42.3	54.0	沙特阿拉伯	72.8	27.2
4	加拿大	40.2	50.2	匈牙利	72.2	26.1
5	新加坡	37.0	60.3	墨西哥	70.6	28.6
6	德国	35.7	62.0	德国	68.7	30.0
7	阿根廷	33.3	63.7	丹麦	67.5	31.5
8	洪都拉斯	32.2	62.3	新加坡	66.4	32.8
9	巴西	31.0	67.3	奥地利	65.9	33.2
10	澳大利亚	30.9	64.8	瑞典	65.3	33.4
11	日本	29.4	69.4	韩国	63.6	36.0
12	中国大陆	23.7	75.7	马来西亚	62.8	36.7
13	韩国	19.6	79.5	中国台湾	25.7	73.0
14	中国台湾	19.3	79.5	中国大陆	24.8	74.5

资料来源：根据美国统计局网站数据整理计算，网址：https://relatedparty.ftd.census.gov。

上述模式反映出，美国与欧洲、日本和韩国之间的贸易呈现出的是一种略为平衡的投资模式选择，也就是说，既有美国公司的对外直接投资，也有这些国家和地区的公司向美国的投资，也有跨国公司在全球战略布局。而对于中国大陆和中国台湾地区而言，投资多为单向投资，同时，囿于地理距离的限制，投入品可能由其他地区运往中国大陆或台湾地区，但制成品大量流入美国。

同时，这样的公司内贸易模式也反映出美国在不同的国家和地区进行投资的产业差异较大，在中国和委内瑞拉更多会利用当地的劳动力成本优势，因此制造业，特别是服装、玩具、电子装配等行业的公司内进口比例较高。

根据邓宁的国际生产折衷理论（OLI），企业的决策取决于所有权、区位和内部化的综合考虑。如果企业拥有专门优势，该优势大过在国外的运营成本，则企业会选择跨国运营。但由于合约的执行在不同的制度环境下是不一样的，因此，企业还会综合评估制度环境和合约执行成本。加拿大和墨西哥不仅仅拥有区位优势，还拥有北美自由贸易区（NAFTA）的制度优势。

7.5.3 公司内贸易的成本及福利分析

1. 母公司（headquarters）的投资动因和福利影响

全球化的资源配置和对外直接投资必然会引起母公司一定的成本，包括有形的市场调查、对外投资、通信、运输等额外费用的增加，也包括与子公司之间的磨合、文化的适应等无形成本的增加。因此，短期来看，公司内贸易不见得会增加母公司的收益，但从长期来看，公司内贸易会有更多的动态优势，不仅在于成本降低，也包括在全球市场中的布局和对新的市场机遇的把握，这些成本和收益主要与对外直接投资所引发的动态成本有关。

有些研究者会对公司内贸易和离岸外包进行对比分析，相对来说，离岸外包会产生较少的前期固定成本和沉没成本，但会有更高的交易成本，如果产品或者国家特性带来更多的要挟问题，交易成本会变得更高；公司内贸易的前期成本较高，后期成本会降低。

2. 对竞争性公司的影响

母国存在两类公司，其中一类是未进行对外直接投资的国际商品生产者，如果一家公司对外投资并进行国际贸易，而另一家公司只在本国进行生产，没有其他的分支机构，那么实施对外直接投资的公司会对竞争性公司产生哪些影响呢？这主要取决于最终产品是否会销回母国，以及该投资对母公司相应成本的影响。

3. 对母国供应商的影响

除了竞争性企业之外，母国还存在另一类公司，就是原来未进行对外直接投资和公司内贸易时向其进行采购的供应商，如果母公司决定进行公司内贸易，则对这些供应商而言，会出现贸易转移效应，其福利会受到损害。

7.5.4　生产效率收益

公司内出口与非公司内出口有什么区别？与之相关的企业异质性指的是国内企业和外资企业之间的区别，或者外资企业、合资企业、私营企业和国有企业之间的区别。中国的出口增长是从 1980 年占 GDP 不到 4%（180 亿美元）增长到 2005 年超过 GDP 的 36%（7 600 亿美元）再到 2014 年超过 2 万亿美元，在 2010 年成为世界上最大的出口国。中国同时吸引了大量的外商直接投资，从 1979 年到 2005 年的数据达到 12 850 亿美元，因此，大量的出口是由外资企业和合资企业进行的。出口活动对于国内企业和外资企业的生产率增长是否有着不同的影响？这样的分析有助于我们理解政策的现实意义，即出口导向型政策对于发展中国家究竟有怎样的好处，以及这些好处的实现需要具备哪些条件。

杜等（Du et al.，2012）的实证研究表明，国内企业的生产率收益非常显著，如果在连续几年里持续出口，则会有稳定扩大的生产率累积收益，当企业开始出口时，其全要素生产率从 0.8% 增长到 1.9%，在进入出口市场五年之内，其全要素生产率的增长速度提高到3.9%~6.1%，然而，外资企业的生产率变化并不显著。如果检验停止出口的情况，上述发现也进一步得到验证，也就是如果企业停止出口，其全要素生产率的收益将迅速下降大约1%，停止出口四年之后，全要素生产率将下降2.8%。另外，如果把企业分为高技术、中高技术和低技术产业，结果表明，高技术企业在全要素生产率的提高上更加显著；中高技术企业在进入出口市场两年以上才会出现较为显著的全要素生产率收益；低技术产业无论长期还是短期其全要素生产率收益均不明显。

7.5.5　规模经济收益

比较优势的传统理论将产业作为一个独立的观察对象，但在现实中，产业与产业之间有着密切的竞争性或者互补性关系，因此，在公司内贸易的发生动因中，有部分原因会与产业规模经济或者产业的竞争互补关系有着密切的关系。首先，传统的贸易理论预测认为，两国之间的经济发展差异越大，如要素禀赋的差异或者生产效率的差异越大，则越可能发生贸易；反过来，如果两个国家的经济结构类似或者企业的生产效率非常接近，则不容易发生贸易，这显然不能被经济现实所支持。其次，传统的贸易理论认为贸易更多地应当发生在产业间而不是产业内，大多数国家应当进口自己不生产的产品，这显然也与现实不一致。产业内贸易的发生率取决于产业的特性，以美国为例，其化工、机械和电子领域的产业内贸易比率高达93%，钢铁领域则为43%，服装业的产业内贸易比率为27%（Krugman and Obstfeld，2009）。

产生规模经济最主要的原因在于技术和产业集聚，技术引发的规模经济指的是当投入等量的投入品时，产品增长的速度更快，因此，规模经济可以带来平均成本的下降。当某个产业有较高的固定成本时，规模经济显得尤其重要，如飞机制造业或者制药行业，这些行业的前期投入巨大，如果生产无法达到一定的规模，则不足以覆盖前期的固定投入。

在跨国公司的投资行为中，当囿于本国市场的狭窄，无法达到最优生产规模时，通过投资于国外市场，则可以获得规模收益的好处，因此，对外投资的企业往往是这个行业中有更高回报、更能够扩大生产规模的企业。也就是说，高产出带来高生产率，高生产率反过来又促进高产出，如此就形成了循环作用。从这个意义上来看，公司内贸易的发生更大程度上是为了扩大市场，而不仅仅是扩大生产规模，跨国公司在市场占有率足够高或者市场竞争力足够强的前提下，才进行跨国投资生产，其最终目的是获得市场销售中的收益。

当一个产业内有众多的企业存在生产率差异时，企业是否获得规模经济收益取决于其市场竞争力。当竞争足够激烈的时候，规模经济的收益不一定可以达到，从这个角度来看，企业进行跨国投资，获取规模经济收益的前提是具有较强的市场竞争力或者垄断性。唯有如此，其规模经济收益才能够得以在市场上实现。

7.6 跨国公司的价值链布局

由于跨国公司的公司内贸易以及出口平台式直接投资的重要性，我们研究了公司进行跨国运作时的生产率变化。利用中国制造业的数据库，估计了企业层面的全要素生产率，并将其分解为出口参与对企业生产率的影响。结果表明，国内企业表现出非常明显的由于出口进入带来的生产率收益，和出口退出所带来的生产率损失，而外资企业未表现出明显的全要素生产率差异。国内出口商初入市场之后的生产率收益尤其显著，特别是在中高技术产业，在全球化背景之下的生产碎片化布局使得各国的技术差距形成了生产率差距的原因。

公司内贸易是外部的呈现，反映出近年来国际贸易发展呈现出来的碎片化趋势，很多商品的生产流程会被大幅度分割成若干个小环节，并且这些环节会分布在不同的国家。由此带来的一个必然结果就是，传统上对于贸易统计的总量统计变得越来越不可靠，因为产品可能会在一国国境跨越往返多次，这样的统计无疑会夸大贸易的实质内容。

供应链可以被描述为在全球一体化的生产网络中一个不断增值的体系，在供应链里，每一个生产者进口投入品，并且使投入品增值；在每一个生产阶段，当商品跨越国界的时候，增值贸易流就相当于出口国的生产要素所获得的回报。当贸易统计仅仅按照总量来进行时，统计值不仅包括中间品，也包括最终产品，因此官方贸易统计数据往往会因为重复统计而夸大贸易量。近年来，一些经济学家专门对于电子、服装、摩托车等产业进行了仔细调研和分析，发现其总产值贸易和增加值贸易之间有很大的差异。一个常常被引用的例子就是苹果公司的产品 iPhone（Dedrick, Kraemer and Linden, 2008），中国工厂的出口价是 144 美元，然而在中国的总增加值中只有 4 美元。从中国出口的 144 美元价值中，包含有日本的约 100 美元的增加值（硬盘、显示屏和电池）、美国约 15 美元的增加值（处理器、控制器和存储器），此外，还有韩国的一小部分增加值。还有 22 美元的增加值是不太确定的，或许其中还有中国的一小部分贡献。

随着通信和信息技术的快速发展，不仅跨国公司可以搭建复杂的供应链体系和跨国生产体系，一些小规模的企业也可以借助跨国供应链平台进行生产和加工的外包，从而使贸易体系变得更加复杂和多元。根据库普曼等（Koopman, Wang, and Wei, 2008）的研究，在中国加工装配的计算机、办公设备和通信设备中，外国公司贡献了超过 80% 的增加值，这说明，在这些行业和领域中，公司内贸易的比例更高，企业参与更多，其利益也更大，其他常常被举例的产品包括中国生产的苹果手机、芭比娃娃、硬盘、美国的汽车、亚洲的服装等。

许多发展中国家政府都实施了出口导向的工业化战略，鼓励本国的企业对外出口，这一模式被韩国、中国台湾地区、中国香港和新加坡等所谓"亚洲四小龙"印证之后，成为全球发展中国家纷纷效仿的产业升级和转型之路。同样，经济学家们也敏锐地观察到，出口型企业的生产效率要高于只在国内市场提供产品的企业，同时，当出口企业面临更加广阔的国际市场时能够获得规模经济、更广阔的市场、更先进的技术等收益。然而，现实中的观察却发现不是所有的发展中国家都可以印证这样的经济转型模式，或许其背后还需要有特定的条件。经济学家们提出一种理论叫作"在出口中学习"（learning by exporting），成功的学习者可以在出口中积累经验，获得技术，提高全要素生产率，而如果无法成功地学习，则会长期陷入所谓的比较优势陷阱，导致生产率停滞不前。

国际贸易传统理论的基本逻辑是，各国的劳动生产率、要素禀赋和比较优势差异决定了国际分工，分工提升了专业化生产、规模经济效应和生产率，因此，国家作为一个整体可以从贸易中受益，但是这种收入又具有分配效应，导致部分人群受益，部分人群受损。在中美贸易当中，美国的科技和金融产业具有比较优势，从而受益，但不具备比较优势、位于价值链低端的制造业特别是装配制造业逐步从国内移出，导致这一部分的产业工人利益受损。

总体而言，像苹果、谷歌、脸书、亚马逊这样的高技术、新兴产业，无不将包括中国在内的新兴市场作为其全球性整体布局的重要环节，在这种全球产业链布局及生态系统建构的过程中，公司内贸易的发生以及快速增长是一个必然的结果。更进一步地，由于跨国公司纷纷将其低端环节的制造业移至中国，从贸易数据上的一个自然结果就是中国对美国的贸易顺差加大。

在美国高达40万亿美元的对外直接投资权益中，制造业为8.3万亿美元，仅占约20%；而占比最高的产业为金融与保险业，高达22.69万亿美元；其次为信息产业，为2.69万亿美元；科学技术为7 993亿美元；批发业为1.59万亿美元；零售业为9 768亿美元；采矿业为5 585亿美元和其他产业为 2.8 万亿美元。① 从以上数据可以看出，制造业只是美国对外投资和生产的一部分，并不是美国最具竞争力的产业领域，因此很多跨国公司会将其服务业和制造业整合在一起进行考虑，特别是一些大型公司，将制造业移出美国至墨西哥或者中国是一个自然的选择。在其价值链布局中起到至关重要的作用，可能会是相应的批发、零售、营销、金融、通信等服务，在这个价值链体系中，服务领域的增值是最大的，而制造业领域却属于高投入、低产出的范畴，如何利用智能制造技术，提高相应的产业附加值，是中国众多的生产企业需要考虑的。

7.7 公司内贸易的宏观经济影响

7.7.1 对工资水平的影响

假定母国的公司希望进行离岸生产或者离岸外包，这样会产生一个从母国到外国的资本流，这个资本流动会总体上降低母国的资本量，增加外国的资本量，同时引发相应的技术变化。此外，对外投资还会引起两个国家对熟练劳动力的相对需求，进一步引起工资结构的变化。在母国，对熟练劳动力的需求增加，因为有更高的总部服务需求；在东道国，则对非熟练劳动力的需求增加，同时因为管理和技术的需要，以及发达国家和发展中国家对于劳动力素质的差异，导致发展中国家的工资水平总体上提高。如果有大量的资本从发达国家流向发展中国家，则会出现工资变化的趋势，这一趋势曾经在 20 世纪 80 年代的中国香港、墨西哥和其他一些地区出现过。

---

① 资料来源：美国经济分析局，http://www.bea.gov。

从表 7.3 可以看出，大约有 25% 的非生产工人工资的增长可以被离岸活动所解释，大约有 30% 可以被新增的高技术设备所解释，这表明两种活动对于熟练劳动力的工资水平都有着较大的影响。如果用投资来进行衡量，高技术设备在新投资中可以解释近乎全部（99%）的非生产性工资增长，而离岸生产的影响仅有 12%。总的来说，离岸生产和高技术设备均可以解释对于非生产工人的需求模式变化，用不同的指标衡量，差异显得比较大。离岸活动会带来生产率的提高，从而降低最终产品的价格，因此，所有人的工资水平都会有所提升。

表 7.3　美国制造业中非生产工人的相对工资变化（1979~1990 年）　　单位：%

高技术设备的度量	对总增加值的解释	
	离岸生产	高技术设备
相对于资本存量的比例	21~27	29~32
相对于资本流量的比例（新投资）	12	99

资料来源：Feenstra and Hanson. The Impact of Outsourcing and High-Technology Capital on Wages: Estimates for the US, 1979–1990 [J]. The Quarterly Journal of Economics, 1999, 114 (3): 907–940.

但在实际工资的分析中可以看出，其影响并不明显。如表 7.4 所示，对于非生产工人，其影响只有 1.1%~1.8%，高技术设备的增加也只有不到 3% 的影响。但对于生产工人的工资水平，我们看到的数据是没有显著的影响，只是高技术设备增加有细微的正面影响。

表 7.4　美国制造业所有工人的实际工资变化（1979~1990 年）　　单位：%

劳动的种类	对总增加值的解释	
	离岸生产	高技术设备
非生产工人的实际工资	1.1~1.8	2.7~2.8
生产工人的实际工资	0	0~0.3

资料来源：Feenstra and Hanson. The Impact of Outsourcing and High-Technology Capital on Wages: Estimates for the US, 1979–1990 [J]. The Quarterly Journal of Economics, 1999, 114 (3): 907–940.

进一步对于美国 20 世纪 90 年代制造业的研究表明，非生产与生产工人的相对工资仍然在不断增大，同时出现了其相对就业差距的缩小。一些劳动经济学家认为，20 世纪 90 年代对于劳动的需求模式发生了较大的转移，高技术劳动者和那些非熟练劳动者较为受益，而处于中间段的工人利益受损，这被称为技能偏向型技术进步（skill-biased technical change, SBTC）假说，指的是在信息技术快速发展的过程中，受过高等教育的工人会进入，替代原先受过中等教育的工人，但对于体力劳动者来说，影响不大。另一种可能的解释是美国制造业的服务外包。在制造业中，一些后台的办公室工作被外包，从而可以使用国外更加低工资的非生产工人，这样就会使制造业的非生产工人的平均工资提高，但总就业会下降。总的来说，尽管这些解释仍旧不具备特别大的说服力，但是技术创新和离岸活动会对母国的制造业工资水平带来一定的影响，这是不可否认的。

当《纽约时报》的专栏作家威廉·赛福瑞（William Safire）追踪研究最早提出"外包"的文章，他发现是在1979年时一位美国的汽车厂商在《艺术的皇家社会》（Journal of the Royal Society of Arts）杂志所说："我们汽车产业缺乏专业的工程师，我们不得不将设计工作外包给德国"，这表明最初外包的提出并不是将低技术工作移至海外，与此同时，欧洲的外包活动也是类似的，据研究瑞典的跨国公司主要在发达国家建立子公司，最倾向于在子公司完成技术密集型的工作任务，这些任务是为了支持国内的蓝领工作，少量子公司会设立在发展中国家，它们的任务是支持母国的白领工作。那么本国的就业创造效应不见得会那么明显，研究表明，德国和瑞典的跨国公司在中欧和东欧所创造的就业不足以补偿它们在本国的就业流失。还有研究表明，德国和奥地利在东欧的外包工作是高技术工作。

在美国也是如此，很多研究关注到美国的服务外包，研究表明美国制造业所进口的服务呈现出不断增长的趋势，其贡献率已经超过了高技术设备的贡献。从表7.5可以看出，在1992~2000年间，高技术设备对生产率增长的解释只有4%~7%，而服务外包的贡献达到12%~17%。由于美国制造业在这段时间的生产率增长为大约每年4%，可以看出服务外包对生产率增长的贡献可高达1%。

表7.5　　　　对美国制造业生产率的影响（1992~2000年）　　　　单位:%

	每种要素对生产率增长的解释	
	服务外包	高技术设备
制造业的生产率增长	12~17	4~7

资料来源：M. Amiti and S. J. Wei. Service Offshoring, Productivity and Employment: Evidence from the United States [J]. IMF Working Paper, 2005.

斯彻纳瓦（Sitchinava，2008）研究了外包对于美国制造业的工资水平变化的贡献，他将外包分为原材料外包和服务外包，并且与计算机等高技术设备的贡献进行了对比分析。随着美国非生产工人的相对工资不断上升，其中原材料外包贡献了7%，服务外包的贡献大约为原材料外包的两倍多，达到15%，但使用高技术设备可以达到95%的贡献（见表7.6）。

表7.6　　对美国制造业非生产工人相对工资的影响（1989~1996年）　　单位:%

	每种要素对工资增长的解释		
	原材料外包	服务外包	高技术设备
非生产工人相对工资增长	7	15	95

资料来源：N. Sitchinava. Trade, Technology, and Wage Inequality: Evidence from US Manufacturing, 1989-2004 [D]. PhD Dissertation, University of Oregon, 2008.

在美国20世纪90年代的就业趋势是非生产工人的相对就业一直在下降，这是否可以被离岸外包行为所解释？研究表明，服务外包提高了高技术就业，但减少了中、低技术就业，但是每一种技术类别对于外包活动有着不同的反应，因为有些工作是日常的、可贸易的（即可以进行外包的），这些职业的工人受到负面影响，反过来，那些不可贸易的职业反而从中受益。

芬斯特拉（2009）对于美国1982年的投入—产出表进行了分析，其中包含371个制造业产业，即371个4位数的SIC代码。为了计算要素密集度，美国的净出口也被调整成SIC类别的出口，由此就可以研究要素密度与净出口之间的关系。他的研究表明，1982年，有大约1 200万生产工人和500万非生产工人在制造业部门工作,其比例为2.29。1982年,进口产品的要素密集度是出口产品要素密集度的2.37倍。制造业就业仅占20世纪80年代美国总就业的大约20%,到了2010年,这一比例下降到不足10%,因此,4%的要素比增加并不会带来显著的工资水平变化。但他们的研究发现,随着时间的推移,外包对于要素及要素价格的影响变得越来越重要。

7.7.2 对经济波动性的影响

美国和墨西哥之间最重要的四个外包领域是服装、电子材料、电子机械和运输设备,在每一个领域,墨西哥的就业波动远远大于美国的情形。就业波动的一个主要原因是在墨西哥这些产业的规模都比较小,因而容易受到外部冲击的影响。如果将美国的研究局限在加州和德州,其产业规模和墨西哥类似,基于两个州的统计数据,我们可以看到其就业波动性也低于墨西哥。可以观察到的是,在墨西哥生产中间产品的产业中,有相当部分的工厂频繁进出,例如,德尔菲(Delphi)是一家大型美国汽车零配件生产商,这家公司曾经随着经济扩张和收缩在墨西哥新建和关闭工厂,表现出一种周期性的波动。墨西哥外包产业波动性的增加表明美国的出口需求冲击带来的经济周期波动,这可以说是外包的一种经济影响。

7.7.3 对价格水平和汇率的影响

外包对宏观经济的另外一个影响是基于价格和汇率而带来的,随着全球化的日益深入,各国的通货膨胀率的波动已经大幅度放缓,有人认为这是由于从中国的进口导致的。"随着新兴市场经济不断融入全球贸易体系中，如中国和一些东亚国家，形成了一种抑制通货膨胀的力量，他们巨大的供应量使得工业化国家的价格上升压力得到了很大的缓解。"[①] 许多经济学家也认为，大量中国产品进入美国和其他 OECD 国家市场，使这些国家的消费品价格指数保持在较低的水平。

此外，公司内贸易还通过汇率产生作用，进口商品的价格低于预期，由此会带来美元的贬值，根据美国联邦储备银行的估计，进口商品的价格只上升了 20%，而同期外国的货币贬值了 50%，由此原先 0.5 的传导机制变成了 0.2，这一传导效果也是由于中国的产品遍布全世界。由于不同国家汇率的浮动区间存在差异，因此汇率的影响由进口商品价格的影响所替代。根据芬斯特拉等（Feenstra et al., 2008）的估算，美国从中国的进口从 1993 年的 10% 增长到 2006 年的 22%，而在同期美国从其他国家的进口从 20% 萎缩到了 15%。这些进口中大部分是由离岸活动进行生产的，这些进口将美元汇率传导到美国的进口价格，因此中国的制造业出口一定程度上抵制了美国的价格增长，也使得美国的通货膨胀率保持在温和水平。

7.7.4　对就业、贸易条件和生产率的影响

在《商业周刊》杂志中，曼德尔（Mandel, 2007）发表文章《外包的真实成本》，他指出离岸行为会带来大量的进口竞争，同时会对母国的就业产生威胁。但是经济学家们通常认为进口竞争所带来的收益大于成本，因为更低的进口品价格优化了贸易条件（terms of trade, TOT），并进一步

---

① China Leads Shake-up in Distribution Methods [J]. Financial Times, Jan 17, 2012. http://www.ft.com.

提高了生产率。关于就业压力,需要强调的是,目前关于就业的贸易模式大多是基于公平工资水平,即市场出清水平的工资,或者基于搜寻成本。有关的理论研究将搜寻成本纳入离岸生产的模型中,发现出于成本节约的考虑而增加雇用人数,企业借着离岸生产反而降低了失业率。赫尔普曼(2007)的研究表明,尽管贸易可能会增加失业,但贸易的总体收益是正面的。布林德(Blinder,2007)的实证研究显示,在美国制造业中外包工作的数量比其他行业高出 2~3 倍,表明制造业中的工作较为常规(routine),可以在其他国家由受过训练的工人完成。此外,刘和特莱夫勒(Liu and Trefler,2008)利用美国人口调查数据,将工人与工作转换的数据纳入研究中,他们发现服务外包对于工作转换和失业的影响很小,同时会对母国的就业率和收入产生一种抵销性的影响。上述研究均表明,公司内贸易会带来一定的失业率影响,但不是特别大,也不是负面的。

此外,研究者还关注公司内贸易对于生产率的影响,这样的研究是一项从大萧条时期一直延续下来的研究项目。此外,研究发现许多西欧国家在 20 世纪 30 年代出现了一系列鲜为人知的现代性萧条,如 20 世纪 70~90 年代的阿根廷、巴西、智利和墨西哥,同一时期的新西兰和瑞士,和 20 世纪 90 年代较短时期内的芬兰和日本。在这里,萧条的定义是从平衡的增长轨道上较大的负面偏离。以瑞士为例,该国在 1974~2000 年的增长缓慢停滞,可以被界定为经济萧条。但与此同时,我们发现其贸易条件持续改善,正因为如此,瑞士的生活水平的增长并没有像实际国内生产总值那样放缓。

芬斯特拉等(2013)指出有可能贸易条件的度量出现了偏差,这一偏差有可能也会影响到生产率的度量。以美国为例,1995 年之前,可以看到计算机的普及应用,但是无法被生产率数据所捕捉,直到 2000 年之后,计算机应用对于生产率的促进作用才渐渐显露出来。随着计算机的大量使用,美国的贸易条件也不断地得到改善。理论上来看,贸易条件的改善不一定可以影响生产率,但当关税下降时,两者的联系会变得紧密。关税下降会带来效率的提升，从而使生产可能性边界得以扩张。与此同时，由于关税水平的下降，进口数量的增加和价格的下降会带来生产效率的提升。例如，当 1997 年在 WTO 签订《基础电信协议》时，很多国家取消了信息技术产品的关税，因为该协定是一个多边协定，这样的关税下降会带来更大范围内的效率提升。

第 8 章
中美公司内贸易实证分析

8.1 数据采集①

在中美公司内贸易总规模实证分析中,选取了 1999~2013 年各个自变量和因变量数据,拟合各自变量对中美公司内贸易规模的影响,在中美制造业公司内贸易模型中选取中美 2002~2013 年 11 年的公司内贸易制造业面板数据作为研究对象,观察分产业的公司内贸易数据与中美贸易之间的关系。本章提到的出口代表的是美国向中国出口,进口代表的是美国从中国进口。虽然该数据仅仅是中美公司内贸易的一部分,但数据的统计口径和连贯性较好,因而也具有一定的代表性,其中分产业当中本章选取的数据为北美产业分类系统中的制造业(manufacturing)项下的化学产品、初级和装配金属、机械、电脑和电子产品、电气设备和电器组件、运输设备各个产业。其中 2009~2013 年产业分类统计的标准是根据 2007 年对北美

---

① 资料来源:国家统计局,http://www.stats.gov.cn/tjsj/;美国国际贸易委员会,https://dataweb.usitc.gov/scripts/datawebfaq.asp;美国经济分析局,http://bea.gov/international/index.htm#omc;经济合作与发展组织统计署,http://stats.oecd.org/Index.aspx#;联合国贸易和发展会议统计数据,http://unctad.org/en/Pages/statistics.aspx。

行业分类系统（NAICS）修订的行业分类，对制造业来讲，其与2002～2008年使用的分类基准一致。

8.2 中美公司内贸易规模的实证分析

8.2.1 变量选取

对公司内贸易的实证研究成果比较零散，主要是因为数据采集和有用信息获取比较困难，且目前对于无形商品（信息、技术或者服务）的公司内贸易规模没有适当的计量方法，因而都是对有形商品贸易进行数据统计和实证分析。公司内贸易的分类及计算方法如下：

一国商品公司内进口总额（年度值）——本国当年商品公司内进口总量，包括本国母公司从其国外子公司的进口和在本国的子公司从其国外母公司及兄弟公司的进口。

一国商品公司内出口总额（年度值）——本国当年商品公司内出口总量，包括本国母公司向国外子公司的出口和在本国的子公司向其国外母公司及兄弟公司的出口。

公司内贸易总额＝公司内出口总额＋公司内进口总额。假设中美公司内贸易总规模与美国国内生产总值、中国国内生产总值、美国对中国外商直接投资、中国对美国外商直接投资、中美贸易总规模等因素相关。选取上述五个变量指标来解释公司内贸易的规模，然后再逐步排除影响不显著或者无法通过检验的变量，最终找出影响中美公司内贸易的主要因素。

H1：中美公司内贸易总额与美国经济实力或者市场规模正相关，国内生产总值的总量用来反映两国的经济实力或者市场规模,即美国国内生产总值总量越大,公司内贸易总额越大。

H2:中美公司内贸易总额与中国经济实力或者市场规模正相关,即中国国内生产总值总量越大,公司内贸易总额越大。

H3:中美公司内贸易总额与美国向中国直接投资数量正相关,即美国向中国直接投资越大,公司内贸易总额越大。

H4:中美公司内贸易总额与中国向美国直接投资数量正相关,即中国向美国直接投资越大,公司内贸易总额越大。

H5:中美公司内贸易总额与中美贸易总额正相关,中美贸易总额越高,公司内贸易额越大。

中美公司内贸易总额的实证模型表达为(由于数额较大均取其自然对数,下同):

$$\ln 中美公司内贸易总额 = \beta + \alpha_1 \ln 美国 GDP + \alpha_2 \ln 中国 GDP \\ + \alpha_3 \ln 美国向中国 FDI + \alpha_4 \ln 中国向美国 FDI \\ + \alpha_5 \ln 中美贸易总额 + u$$

8.2.2 中美公司内贸易回归分析

选取 1999~2013 年中美内部贸易数据及各个解释变量运用 EViews 软件进行回归分析。为了方便,把模型的形式表达为:

$$Y = \beta + \alpha_1 X_1 + \alpha_2 X_2 + \alpha_3 X_3 + \alpha_4 X_4 + \alpha_5 X_5 + u$$

其中,系数的含义不变,Y 代表 ln 中美公司内贸易总额,X_1 代表 ln 美国 GDP,X_2 代表 ln 中国 GDP,X_3 代表 ln 美国向中国 FDI,X_4 代表 ln 中国向美国 FDI,X_5 代表 ln 中美贸易总额。

回归结果为：

$$Y = -1.872001 + (-0.132606)X_1 + 0.340567X_2 + 0.123646X_3 \\ + 0.074104X_4 + 0.456178X_5$$

中美公司内贸易总规模回归结果如表 8.1 所示。

表 8.1　　　　　　　　中美公司内贸易总规模回归结果

	常数项	X_1	X_2	X_3	X_4	X_5
t 值	-0.081052	-0.068518	0.727876	1.035838	1.028497	0.934610
P 值	0.9380	0.9476	0.4941	0.3402	0.3434	0.3861

修正后的拟合优度 $R^2 = 0.983138$。

$F = 129.2673$，$P = 0.000005$。

回归结果表明，中美公司内贸易总额与中国 GDP、美国向中国 FDI、中国向美国 FDI、中美贸易总额呈正相关关系，与美国 GDP 呈负相关关系。中美贸易总额的系数为 0.456178，表示在其他条件不变的情况下，中美贸易总额每增加 1 个百分点，中美公司内贸易总额将增加 0.456178 个百分点，中国的 GDP 每增加 1 个百分点，中美公司内贸易总额也将增加 0.340567 个百分点，其他变量以此类推。

回归模型估计的 F 值高度相关，P 值几乎为 0。可以判定，中美贸易总规模、美国 GDP、中国 GDP、美国对中国 FDI、中国对美国 FDI 对中美公司内贸易总额有影响。R^2 值为 0.983138，拟合得较好。表明中国 GDP、美国向中国 FDI、中国向美国 FDI、中美贸易总额与中美公司内贸易呈正相关关系，美国 GDP 与中美公司内贸易呈负相关关系，同时这五种指标解释了中美公司内贸易的大约 98.3138% 的变动趋势。表 8.2 是各变量之间的相关系数，在各个系数的估计中，美国 GDP 的回归系数并没有通过 t 检验，这与模型的拟合优度检验结果相互矛盾，因此，模型各变量之间多重共线性可能比较严重，对各个变量间相关系数进行检验，发现各变量间相关系数较高，存在多重共线性问题，模型还需要重新修正。

表 8.2　　　　　　　　各变量间相关系数

	X_1	X_2	X_3	X_4	X_5
X_1	1.000000	0.978656	0.946167	0.895450	0.994818
X_2	0.978656	1.000000	0.957816	0.950921	0.967898
X_3	0.946167	0.957816	1.000000	0.870350	0.947235
X_4	0.895450	0.950921	0.870350	1.000000	0.875579
X_5	0.994818	0.967898	0.947235	0.875579	1.000000

由上述结果可以看出，变量之间存在高度的线性相关性，虽然拟合较好但并不是所有变量均通过了检验，表明模型确实存在严重的多重共线性。接下来对模型进行修正。运用 OLS 方法逐一拟合 Y 与各个变量的回归。选择拟合效果最好的一元线性回归方程如下：

$$Y = -5.459318 + 0.906302X_2$$

$$t = (-5.407665) \quad (14.22929)$$

$$P = (0.0001) \quad (0.0000)$$

修正后的拟合优度 $R^2 = 0.935027$，$F = 202.4727$，$P = 0.000000$。

然后再逐一添加各变量，删掉未通过检验的变量，得出拟合结果最好的一组回归方程为：

$$Y = -3.508964 + 0.829791X_2 + 0.323025X_3 + (-0.320779)X_5$$

$$t = (-1.506244) \quad (2.377181) \quad (1.959930) \quad (-1.366139)$$

$$P = (0.1602) \quad (0.0367) \quad (0.0758) \quad (0.1992)$$

修正后的拟合优度 $R^2 = 0.950216$，$F = 90.07145$，$P = 0.000000$。

X_5 的回归系数不符合经济意义，应当删除，则有：

$$Y = -1.851644 + 0.4651031X_2 + 0.333372X_3$$

$$t = (-0.899139) \quad (1.997103) \quad (1.955493)$$

$$P = (0.3863) \quad (0.0690) \quad (0.0742)$$

修正后的拟合优度 $R^2=0.946622$，$F=125.1396$，$P=0.000000$。

模型修正后的结果拟合优度较高且能够较好地通过检验，因而经过筛选之后的 X_2、X_3 两个变量即中国的 GDP、美国向中国 FDI 投资是影响中美公司内贸易总额的主要因素，能够解释 94.6622% 的变动因素。其中，中国的 GDP 每变动 1 个单位，中美公司内贸易总额增加 1.997103 个单位，美国向中国的直接投资每增加 1 个单位，中美公司内贸易总额增加 1.955493 个单位。

8.3 中美公司内出口的进一步分析

8.3.1 变量选取

假设中美公司内出口与美国 GDP、中国 GDP、美国对中国 FDI、中国对美国 FDI、中美贸易出口规模等因素相关。

H1：中美公司内出口总额与美国经济实力或者市场规模正相关，GDP 的总量用来反映两国的经济实力或者市场规模，即美国 GDP 总量越大，公司内出口总额越大。

H2：中美公司内出口总额与中国经济实力或者市场规模正相关，即中国 GDP 总量越大，公司内出口总额越大。

H3：中美公司内出口总额与美国向中国 FDI 数量正相关，即美国向中国直接投资越大，公司内出口总额越大。

H4：中美公司内出口总额与中国向美国 FDI 数量正相关，即中国向美国直接投资越大，公司内出口总额越大。

H5：中美公司内出口总额与中美出口总额正相关，中美贸易总额越高，公司内出口额越大。

中美公司内出口的实证模型为：

ln 中美公司内出口总额 = β + α_1 ln 美国 GDP + α_2 ln 中国 GDP

$\qquad$ + α_3 ln 美国向中国 FDI + α_4 ln 中国向美国 FDI

$\qquad$ + α_5 ln 中美出口总额 + u

8.3.2　中美公司内出口的回归分析

中美公司内出口的回归模型为：

$$Y_1 = \beta + \alpha_1 X_1 + \alpha_2 X_2 + \alpha_3 X_3 + \alpha_4 X_4 + \alpha_5 X_6 + u$$

其中，Y_1 代表 ln 中美公司内出口总额，X_1 代表 ln 美国 GDP，X_2 代表 ln 中国 GDP，X_3 代表 ln 美国向中国 FDI，X_4 代表 ln 中国向美国 FDI，X_6 代表 ln 中美出口总额。回归结果为：

$$Y_1 = 46.05300 + (-3.368122)X_1$$
$$+ 0.262793 X_2 + (-0.203239)X_3 + 0.277260 X_4 + 1.226245 X_6$$

中美公司内出口回归结果如表 8.3 所示。

表 8.3　　　　　　　　中美公司内出口回归结果

	常数项	X_1	X_2	X_3	X_4	X_6
t 值	2.579425	-2.641529	0.421264	-1.629897	3.490335	2.501732
P 值	0.0418	0.0385	0.6882	0.1542	0.0130	0.0464

修正后的拟合优度 $R^2 = 0.984512$，$F = 140.8461$，$P = 0.000004$。

回归结果表明，中美公司内出口总额与中国 GDP、中国向美国的直接投资、中美出口总额呈正相关关系，与美国 GDP、美国向中国的直接投资呈负相关关系。中美出口总额的系数为 1.226245，表示在其他条件不变的情况下,中美出口总额每增加 1 个百分点,中美公司内出口总额将增加 1.226245 个百分点,中国的 GDP 每增加 1 个百分点,中美公司内出口将增加 0.262793 个百分点,其他变量以此类推。

回归模型估计的 F 值高度相关,P 值几乎为 0。可以判定,中美出口总规模、美国 GDP、中国 GDP、美国对中国的直接投资、中国对美国的直接投资等因素对中美公司内出口总额有影响。R^2 值为 0.984512,拟合较好。这表明中国 GDP、中国向美国 FDI、中美出口总额与中美公司内出口呈正相关关系,美国 GDP、美国向中国直接投资等因素与中美公司内出口呈负相关关系,同时这五种指标解释了中美公司内出口的大约 98.4512% 的变动趋势。但在各个系数的估计中,中国 GDP 的回归系数并没有通过 t 检验,这与模型的拟合优度检验结果相互矛盾。同样检验各个变量间的相关系数,上面已检验过 X_1、X_2、X_3、X_4 之间的关系,现只需检验 X_6 与其他各变量的相关性,如表 8.4 所示。

表 8.4 X_6 与其余各变量相关系数

	X_1	X_2	X_3	X_4
X_6	0.990638	0.992482	0.958719	0.923724

由表 8.4 可以看出,X_6 同样与其他各变量存在高度的相关性,因而,需要对模型进行修正,同样运用前面的修正方法,首先逐一对 X_6 与各变量进行回归,找出拟合最好的回归变量,然后逐一添加,结合经济意义和检验结果,最终得出拟合效果最好的回归方程如下:

$$Y_1 = 2.885444 + 0.364155X_4 + 0.248891X_6$$
$$t = (2.940060) \quad (6.072369) \quad (2.010295)$$
$$P = (0.0165) \quad (0.0002) \quad (0.0753)$$

修正后的拟合优度 $R^2 = 0.975087$,$F = 216.2670$,$P = 0.000000$。

模型修正后的结果拟合优度较高且能够较好地通过检验,因而经过筛选之后的 X_4 和 X_6 两个变量即中国向美国的直接投资、中美出口总额是影响中美公司内出口的主要因素，能够解释 97.5087% 的变动因素。其中，中国向美国的直接投资每变动 1 个单位，中美公司内出口总额增加 0.364155 个单位，中美出口额每增加 1 个单位，中美公司内出口总额增加 2.010295 个单位。

8.4 中美公司内进口的回归分析

8.4.1 变量选取

假设中美公司内进口与美国 GDP、中国 GDP、美国对中国的直接投资、中国对美国的直接投资、中美进口规模等因素相关。

H1：中美公司内进口总额与美国经济实力或者市场规模正相关，GDP 的总量用来反映两国的经济实力或者市场规模，即美国 GDP 总量越大，公司内进口总额越大。

H2：中美公司内进口总额与中国经济实力或者市场规模正相关，即中国 GDP 总量越大，公司内进口总额越大。

H3：中美公司内进口总额与美国向中国的直接投资正相关，即美国向中国直接投资越大，公司内进口总额越大。

H4：中美公司内进口总额与中国向美国的直接投资正相关，即中国向美国直接投资越大，公司内进口总额越大。

H5：中美公司内进口总额与中美贸易总额正相关，中美贸易总额越高，公司内进口额越大。

中美公司内进口的实证模型为：

$$\ln 中美公司内进口总额 = \beta + \alpha_1 \ln 美国 GDP + \alpha_2 \ln 中国 GDP$$
$$+ \alpha_3 \ln 美国向中国 FDI + \alpha_4 \ln 中国$$
$$向美国 FDI + \alpha_5 \ln 中美进口总额 + u$$

8.4.2 中美公司内进口回归分析

中美公司内进口的回归模型为：

$$Y_2 = \beta + \alpha_1 X_1 + \alpha_2 X_2 + \alpha_3 X_3 + \alpha_4 X_4 + \alpha_5 X_7 + u$$

其中，Y_2 代表 ln 中美公司内进口总额，X_1 代表 ln 美国 GDP，X_2 代表 ln 中国 GDP，X_3 代表 ln 美国向中国 FDI，X_4 代表 ln 中国向美国 FDI，X_7 代表 ln 中美进口总额。回归结果为：

$$Y_2 = -34.60527 + 2.728595 X_1$$
$$+ (-0.545865) X_2 + 0.473186 X_3 + (-0.049830) X_4 + 0.185384 X_7$$

中美公司内进口回归结果如表 8.5 所示。

表 8.5　　　　　　　　中美公司内进口回归结果

	常数项	X_1	X_2	X_3	X_4	X_7
t 值	-0.633806	0.585147	-0.494328	1.744642	-0.310260	0.171125
P 值	0.5496	0.5798	0.6386	0.1317	0.7669	0.8698

修正后的拟合优度 $R^2 = 0.909059$，$F = 22.99143$，$P = 0.000757$。

回归结果表明，中美公司内进口总额与美国 GDP、美国向中国的直接投资、中美进口总额呈正相关关系，与中国 GDP、中国向美国直接投资呈负相关关系。中美进口总额的系数为 0.185384，表示在其他条件不变的情况下，中美进口总额每增加 1 个百分点，中美公司内进口总额将增加 0.185384 个百分点，美国的 GDP 每增加 1 个百分点，中美公司内进口总额将增加 0.585147 个百分点,其他变量以此类推。

回归模型估计的 F 值高度相关,P 值几乎为 0。可以判定,中美进口总规模、美国 GDP、中国 GDP、美国对中国的直接投资、中国对美国的直接投资对中美公司内进口有影响。R^2 值为 0.909059,拟合得较好,表明美国 GDP、美国向中国的直接投资、中美进口总额与中美公司内进口呈正相关关系,中国 GDP、中国向美国的直接投资与中美公司内进口呈负相关关系,同时这五种指标解释了中美公司内进口大约 90.9059% 的变动趋势。但在各个系数的估计中,只有美国向中国的直接投资通过了 t 检验,其余各变量系数均没有通过 t 检验,这与模型的拟合优度检验结果相互矛盾。遵循上述步骤,X_7 与其余各变量间的相关性关系如表 8.6 所示。

表 8.6　　　　　　　X_7 与其余各变量相关系数

	X_1	X_2	X_3	X_4
X_7	0.991758	0.956174	0.940342	0.856261

由表 8.6 可以看出,X_7 同样与其他各变量存在高度的相关性,因而,需要对模型进行修正,同样运用前面的修正方法,首先逐一对 X_7 与各变量进行回归,找出拟合最好的回归变量,然后逐一添加,结合经济意义和检验结果,最终得出拟合效果最好的回归方程如下:

$$Y_2 = -10.98230 + 0.885528X_1 + 0.467094X_3$$
$$t = (-1.136393) \quad (1.292921) \quad (2.865811)$$
$$P = (0.2780) \quad (0.2204) \quad (0.0142)$$

修正后的拟合优度 $R^2 = 0.926839$,$F = 89.67921$,$P = 0.000000$。

模型修正后的结果拟合优度较高且能够较好地通过检验,因而经过筛选之后的 X_1、X_3 两个变量即美国 GDP、美国向中国的直接投资是影响中美公司内进口的主要因素,能够解释 92.6839% 的变动因素。其中,美国 GDP 每变动 1 个单位,中美公司内进口增加 0.885528 个单位,美国向中国的直接投资每增加 1 个单位,中美公司内进口总额增加 0.467094 个单位。

总之，公司内贸易集中体现了对外直接投资以及跨国公司国际化生产与经营活动对国别和全球经济的影响，对公司内贸易的动因和特点进行深入系统的分析有利于认识世界贸易格局及全球产业分工，对公司内贸易的实证分析有助于定性地理解跨国公司的全球化布局和产业分工模式。

公司内贸易的主要动因是为了克服市场外部性、获得规模经济效益、利润转移和避税、降低成本、战略投资并获得长期动态收益。中美公司内贸易在技术密集型行业如化工产品、电脑和电子产品行业所占比重较大。中国 GDP 和美国向中国的直接投资对中美公司内贸易总额影响最为显著，具有正相关关系；中国向美国的直接投资、中美出口总额对中美公司内出口影响最为显著，同样是正相关关系；美国 GDP、美国向中国的直接投资是影响中美公司内进口的主要因素，是正相关关系。

第 9 章

公司内贸易与中美贸易前景分析

跨国公司在进行全球化决策的时候，面临一系列复杂而艰难的选择。首先，企业的产业和产品特点决定了其组织模式的选择，即企业决定在国内一体化生产，还是外购零配件，或是选择离岸外包，或是设立跨国子公司，产生公司内贸易；其次，企业的主要出口地决定了企业的投资区位选择，也意味着设立跨国子公司时是作为出口平台，还是作为零配件生产者；再次，东道国的管理水平、人力资源储备、关税水平和制度环境，也是企业做出投资决策时的考虑因素；最后，其他子公司的分布和相互之间的关系，与供应商之间的距离，当地市场竞争状况等，甚至同行业内其他企业的决策，也会影响到跨国公司的战略选择。

总之，公司内贸易的发生，是基于企业一系列复杂的决定，而公司内贸易的内容，成为这一系列复杂决定的自然结果。假定美国企业决定在中国设立子公司完成装配环节，则公司内贸易的主要内容就是零配件（中间品）的公司内进口、制成品的公司内出口和一般出口；假定美国公司决定在中国生产某种零配件，则中国公司内贸易的内容就是零配件的公司内出口；假定美国将生产的主要流程全部设置在中国，则公司内贸易的主要内容就成为制成品的公司内出口。

大体来说，企业的决策会基于投资的固定成本、运输成本（地理距离)、进口关税（特别是中间品的关税水平）、合约的不完全性（基于产品的特点和产业的特点）、制度环境而综合做出。研究发现，美国在进行对外直接投资方面，对中国和墨西哥的投资数量非常接近，而墨西哥也往往承担着美国重要的加工装配基本的职分，而由于地理位置、产业发展规模、国际关系等因素的影响，中国和墨西哥在美国跨国公司的全球化布局中承担着互补的作用。本章将重点对美国在北美和东亚的投资与公司内贸易的规模、产业分布等规律进行对比分析，来了解中美公司内贸易的实质性构成和未来的发展前景。

9.1 美国跨国公司的投资决策

9.1.1 美国跨国公司的投资分布

作为全球最大的对外直接投资者，美国的众多跨国公司在全球生产网络体系中起着至关重要的作用。根据美国经济调查局数据，2007年出口中接近1/3是公司内出口，而进口中接近1/2是公司内进口。从1982年开始有相关方交易数据统计以来，相关方数据一直波动。公开数据表明，美国的公司内贸易相对比较集中于部分国家，因此国与国之间的数据差异较大。

表9.1是美国1989年和1999年的公司内贸易情况，可以看出公司内出口的比例在10年间增长并不显著，总的增速低于向非相关方的出口。但是在本地市场的销售只有89%的增长，说明这10年间制造业中大量的生产活动和销售活动被移到海外，纵向一体化的企业组织形式和跨国营销网络日益重要。另外一个值得注意的情形是增加值的增长只有54%，是总销售增

长的 1/2 左右,这意味着国际分工越来越细,很多增加值部分在海外完成。

表 9.1　　　　1989 年和 1999 年美国制造业跨国公司的活动分布　　单位:十亿美元

项目	1989 年	1999 年	增长率(%)
销售	509	1107	117
本地	334	652	89
公司内出口	79	180	128
非相关出口	43	110	159
增加值	207	316	54

资料来源:Helpman et al.. The Organization of Firms in a Global Economy [M]. Harvard University Press,2008:201.

此外,美国公司的对外投资表现得越来越多元化,同时,由于企业的异质性其绩效和组织模式选择差异也很大。根据美国经济分析局(BEA)的数据,在 1 500 家跨国公司中,有 600 家在 1 个国家有子公司,有大约 500 家在 2~5 个国家有子公司,有近 200 家公司在 6~10 个国家有子公司,有大约 120 家公司在 11~20 个国家有子公司,有大约 40 家公司在 21~30 个国家有子公司,有大约 15 家公司在 31~40 个国家有子公司,有大约 7 家公司在 41~50 个国家有子公司,还有少量公司在 51 个以上的国家有子公司。总的来看,大约有 1/3 的美国跨国公司在 1 个国家设立子公司,1 500 家跨国公司设立子公司的国家中位数为 2。

赫尔普曼等(Helpman et al.,2008)将整个世界的国家分为两大区域,他称之为中心式辐射网络(hub-and-spoke configuration)。他的模型有以下假定:第一,地理区位起着非常重要的作用,因为涉及运输成本。中心(hub)与中心之间的运输成本最低,因为这些中心是该区域的核心,辐射区域(spoke)实质上就是外围地区。第二,生产模型是基于某种生产技术水平,将中间投入品装配成为最终产品,在设立装配工厂的时候需要支出相应的固定成本。第三,企业是异质性的。

企业通过以下决策达到利润最大化:第一,选择相应的国家来装配最终产品；第二，选择相应的国家来外包生产中间投入品。因此，该模型不仅包含了企业选择在哪个国家生产，还包含了公司内贸易的规模和方向。因为企业是异质性的，因此它们可以选择不同的组织模式。外商直接投资在国与国之间分布的总体结构，既有扩展边际（企业数量的增加），也有集约边际（企业活跃度的增加）。

  总的来说，企业的特点与其国际运营的结构有着非常密切的关系。小的跨国公司有可能集中在中心地带进行生产，从本地供应商或者母公司获得中间投入品；而较大规模的跨国公司则会选择在许多国家设立工厂，从中心地带的工厂获得中间投入品，或者从母公司获得投入品（公司内贸易）；但是，对于大规模的跨国公司来说，它们在国际生产体系中起着至关重要的作用，中心地带有可能是作为出口平台来出口最终产品，或者作为生产中间品的基地，最终产品会在其他地区完成装配。这些预测与实证分析的结论是一致的。

  比较静态分析强调企业异质性和地理区位的重要性，例如，如果运输距离增加，会导致更多的企业将生产集中在某个中心地带，当然企业会选择从母公司购入少量的零配件。但是，如果运输成本升高，则从母公司或者其他区域购入零配件的比例会随之降低，当两个国家分处于两大区域或者两个大陆的时候，运输距离长，从而导致运输成本较高，这也是美国跨国公司向中国进行投资时的必然考虑，在其他条件相同时，距离越远，出口和对外直接投资的规模会随之减少。

  此外，区域性因素也会影响企业的选择，区域性因素指的是区域内的运输成本，以及该区域内的国家数量，是否构成一个协同的国际生产和销售网络，这些因素会通过两个渠道影响到企业的决策。首先，假定企业的外国工厂位置已经确定，区域性因素的变化会通过改变企业获得中间投入品的方式，从而改变当地的生产内容和公司内贸易的数量；其次，区域性因素的变化会诱发企业改变其外国装配工厂的网络结构，由于最优的中间投入品来源取决于这个中心式辐射网络的具体形态，因此，也会改变公司内贸易的规模和内容。

9.1.2 跨国公司的投资决策

跨国公司可以基于上述运输成本、固定成本等因素做出具体的选择，大体来看，可以有两种大致的模式选择：中心化模式和去中心化模式。

1. 中心化模式

中心化模式指的是企业在中心国家设立装配工厂，然后出口最终产品。在此决策的前提下，企业必须决定如何获得中间投入品，中心化模式下企业不会选择在外围区域生产中间投入品，因为这样做会产生较高的固定成本，以及将中间投入品运往中心地区的运输成本。

对于跨国公司来讲，可以有两种选择：一是在母国生产中间投入品，随后运往中心地区，这样就避免了高固定成本的支出，但是要支出运输成本；二是在中心地区生产中间投入品，这样就避免了运输成本的支出，但是需要支付设立中间投入品的工厂的固定成本。通常，规模较小的公司更加倾向于选择中心化模式。同时，市场份额越大的产品，企业组织生产的方式将与市场份额较小的产品完全不同。

2. 去中心化模式

去中心化的直接投资模式是指跨国公司在每一个东道国设立装配工厂，此时会有较高的固定成本，但是没有最终产品的运输成本。企业仍旧需要决定如何提供中间投入品，对于跨国公司来讲，可以有三种选择：一是从母国进口，这样不会产生额外的固定成本，但是需要支付中间投入品的运输成本；二是选择在中心地区生产中间投入品，这样会产生额外的固定成本，同时也需要将中间投入品运往外围地区；三是在每一个外围区域设立中间产品生产厂，这样有更高的固定成本，但是没有中间投入品的运输成本。规模较大的跨国公司，会倾向于在外围区域设立装配工厂，并在中心区域设立中间投入品的生产工厂，同时将中间投入品运往各个外围工厂进行装配，就地销售。一般来说，去中心化的跨国公司其规模平均上要大于中心化的跨国公司。

中心化策略和去中心化策略是相互替代的选择，如果区域间的运输成本提高，则向外围国家的投资将减少，中心化的投资会随之增加。反过来，当运输成本下降时，跨国公司子公司的海外销售会比其增加值增长得更快，其增速却慢于公司内贸易或者公司间贸易的增速。此外，中心地带的存在表明很多区域性市场的发展是不均衡的。当子公司规模不断扩大时，产品中当地成分的含量会不断增加，同时，与其他非相关企业的经济联系也会日益紧密，最终，其公司内贸易的比例会呈现倒"U"形。在现实中，很多中间投入品需要多个生产环节才可以完成，如果仔细考虑其价值链上的每一步，将会形成非常复杂的跨国生产网络体系，而且这个网络体系是彼此交织、彼此影响、彼此缠绕在一起的，企业就成为这个体系中的一个个节点，连接着各个方向的生产活动。因此，任何企业的投资决策都会形成关联的影响，而一些产业集群的整体移动影响会更大。

对于美国的较大规模的跨国公司而言，北美、欧洲和亚太地区是三个重要的生产及市场区域，跨国公司的战略布局显得特别重要。北美区域是母公司所在的区域，但出于劳动力成本和其他因素考虑，美国公司可能会把墨西哥作为一个劳动密集型产业的重要生产地区；欧洲区域成为技术密集型产业的投资区域，在此区域，美国的跨国公司可以获得设计、营销及生产的人才；而在亚太地区，从20世纪80年代到现在，经历了其中心区域从日本、新加坡、中国香港等地逐步向中国内地的转移。可以说，墨西哥、瑞士和中国可以称为三个中心区域，而整个区域的其他国家或者城市均可以称为外围国家。在研究中美贸易时，墨西哥的地位显得较为复杂，它虽然承担着某些企业的中心地位，但是由于它与母公司的地理距离的原因，从另一种意义上来说，它又是外围区域。此外，由于墨西哥的要素禀赋与美国差异较大，因此，在北美自由贸易协定（NAFTA）的三个国家中，墨西哥与加拿大起着截然不同的作用，墨西哥与美国的经济有着更强的互补性，从跨国公司的投资动因来分析，墨西哥更是扮演着一个装配工厂的地位。从这个意义来看，对比中国和墨西哥的投资地位，是一个非常有意义的话题。中国拥有劳动力和市场优势，墨西哥拥有区位优势；中国有较高的市场准入门槛，而墨西哥由于北美自由贸易协定的关系有着更低的市场准入成本。显然，跨国公司在投资区位上选择中国还是选择墨西哥，有着完全不同的考虑。

9.2 墨西哥和中国的投资地位比较

9.2.1 投资领域分析

墨西哥是美国第三大贸易伙伴，2017 年美国从墨西哥进出口总额为 5 605 亿美元（UNComtrade 数据库，美方数据），仅次于中国和加拿大，从出口和进口来看，墨西哥是美国第二大出口目的地和第二大进口来源国。自 1994 年 1 月 1 日，北美自由贸易协定生效实施以来，美国和墨西哥双边贸易迅速扩大，2017 年美国向墨西哥出口 2 433 亿美元，占美国总出口的 15.7%，1994 年以来年均增速达 7.0%；美国从墨西哥进口由 1994 年的 503 亿美元提高至 2017 年的 3 172 亿美元，年均增速达 8.3%。同时，美国是墨西哥的第一大贸易伙伴，2017 年墨西哥向美国出口占总出口的 80.0%，从美国进口占总进口的 46.4%。1994 年以来，墨西哥对美国的贸易依存度虽有所下降但仍处于非常高的水平，1998 年墨西哥从美国进口占总进口的比重曾经达到 74.5% 的峰值水平，随后逐渐下降至目前的 46.4%，对美国出口依存度则长期以来维持在 80% 以上。

美国和墨西哥作为各自的邻国和最重要的贸易伙伴之一，双边贸易对两国发挥着推动国内经济发展、促进就业的重要作用。从贸易商品结构层面看，墨西哥从美国进口主要集中在矿物燃料、机械器具及零件、电机电器设备及零件、车辆及其零部件等领域，2017年这四大类商品占墨西哥从美国进口的51%。墨西哥向美国出口最多的则为汽车整车、电机电器设备及零件、机械器具及零件和光学产品，2017年这四大类商品占墨西哥向美国出口的69%。从海关98章商品分类来看，墨西哥从美国的进口和出口均集中在机械器具及零件、电机电器设备及零件、车辆及其零部件等商品领域，这与墨西哥加工贸易占比高的特点有关，即墨西哥从美国进口汽车零部件，在国内经过加工组装成汽车整车，而后出口至美国，可见墨西哥从美国进口中的大量机械、电机电器和汽车零部件多为出口拉动型进口。由于加工贸易出口生产过程中需要投入大量的进口中间品，一国在加工贸易出口中获取的附加值较低，且墨西哥加工贸易出口占比较高（2012年曾一度高达65%），因此，2017年贸易总值口径下的美墨贸易逆差739亿美元（美方数据）。

表9.2是美国2017年的对外直接投资规模的横向比较，可以看出美国对中国和墨西哥的投资规模非常接近，对中国的投资约10.8万亿美元，对墨西哥的投资约11万亿美元。但是，具体来看，投资的产业构成存在较大的差异，对中国的投资超过墨西哥的有化工、机械和计算机及电子产品三大领域。其中，化工和机械产业，对中国的投资大约是墨西哥的两倍；计算机及电子产品领域，对中国的投资达到对墨西哥投资的8.5倍。反过来，对墨西哥的直接投资则更多地分布在电子零配件、服务业、食品、基础金属、矿业等。

上述对比很清楚地看到，美国跨国公司往往将墨西哥当作其原材料基地、中间品加工地，两国之间所建构的是一个复杂而紧密的生产网络体系，商品和原材料进出频繁，公司内贸易的发生率较高；而中国可能更大程度上起到的是特定产业的全球化加工平台。也就是说，对墨西哥的投资由大型、中小型企业共同完成，形成了较为复杂的网络化生态系统，而对中国的投资则主要由众多有实力的大型企业完成，从而构建的是一个单一线条的、简单模式的加工链条。

表 9.2　　2017 年美国制造业对外直接投资的区位比较　　单位：百万美元

项目	所有产业	矿业	制造业总量	食品	化工	基础金属	机械	计算机及电子	电子零配件	运输工具	其他制造业
总量	6 013 335	159 493	870 099	86 403	213 110	40 289	62 286	126 402	17 296	84 912	239 401
加拿大	391 208	12 329	109 355	11 147	17 614	7 149	3 835	7 716	3 004	11 770	47 121
日本	129 064	0	26 067	438	5 922	749	547	5 892	(D)	1 082	(D)
韩国	41 602	(D)	15 909	595	2 919	342	352	4 155	140	3 054	4 352
中国台湾地区	17 031	0	5 456	(D)	903	90	231	3 268	170	105	(D)
中国大陆	107 556	2 725	54 158	3 693	13 258	2 405	5 170	8 425	932	12 814	7 462
墨西哥	109 671	11 473	44 407	4 269	6 333	2 874	2 475	990	1 749	(D)	(D)

注：D 表示因为公司的原因数据不披露。
资料来源：美国经济分析局，www.bea.org。

如果对比加拿大和中国的投资，这个模式显得更加明显，因为美国对加拿大的投资高达 39.1 万亿美元，接近中国的 4 倍，然而在总量上，对中国的投资仍旧在运输工具、机械和计算机及电子三个领域超过对加拿大的投资，化工领域的投资两国较为接近，对加拿大和中国的投资分别是 1.76 万亿美元和 1.33 万亿美元。这表明中美公司内贸易呈现出明显的产业布局特征，也表明了跨国公司的投资侧重点。

9.2.2　投资规模和活跃度分析

如果进一步分析美国对外直接投资的产业构成，会发现中国大陆和中国台湾地区的模式比较接近，而美国对日本和韩国的投资模式截然不同。如表 9.2 所示，美国在 2017 年对日本的对外直接投资总额为 12.9 万亿美元，和对中国的投资数量比较接近，然而其对日本制造业的总投资仅为 2.6 万亿美元，不到对中国制造业投资（5.4 万亿美元）的 1/2。也就是说，对日本的投资中仅有 20% 是投向制造业的，而对中国的投资超过 50% 是投向制造业的，对韩国制造业的投资占总投资的 38.2%，对中国台湾地区的投资大约为 32%。从美国对外直接投资的总规模来看，仅有 14% 是投入到制造业的。

上面的简单分析符合一般的产业梯度转移和雁行模式的解释，也就是说，对于美国的跨国公司而言，其在东亚的产业布局是有一个从日本到韩国，再到中国台湾地区和中国大陆的梯度转移趋势的。在中国的投资大多数集中在比较成熟、标准化的、易于管理的产业领域之内，同时，这些产业的生产规模较大，形成了中美贸易的大规模顺差。

如图 9.3 所示，从美国经济分析局披露的 2016 年各跨国公司分支机构报告中可以看出，美国在中国大陆的跨国公司总体数量较多，2016 年有 1 896 家，超过了墨西哥（1 257 家）、日本（890 家）、韩国（378 家）和中国台湾地区（276 家），然而总资产、总销售和净收入等数据却不高，总资产只有 6 431 亿美元，总销售为 4 635 亿美元，同期日本公司的总资产却高达 11 448.24 亿美元，总销售为 2 630 亿美元；墨西哥公司的总资产为 4 500 亿美元，总销售为 2 648 亿美元。可以看出，美国在中国的直接投资企业规模较小，但企业运营较为活跃，销售总额高，呈现出明显的扩张态势。墨西哥的企业数量也少于中国，其销售活跃度较高。从雇员数量上，也可以看出，中国企业的雇员数量多于加拿大、日本和墨西哥等国，表明在中国运营的美资企业雇员规模较大。

表 9.3　　　　　　　2016 年跨国公司分支机构的投资情况报告

项目	投资超过 2 500 万美元的企业数量（个）	总资产（百万美元）	总销售（百万美元）	净收入（百万美元）	员工补偿（百万美元）	雇员数量（千人）
总量	37 917	27 460 383	6 607 313	1 098 160	679 058	16 739.0
加拿大	2 600	1 473 898	604 210	31 194	68 600	1 320.6
日本	890	1 144 824	263 436	23 416	31 639	489.6
韩国	378	177 148	104 953	6 311	8 572	148.4
中国台湾地区	276	(D)	(D)	3 964	(D)	M

续表

项目	投资超过2 500万美元的企业数量（个）	总资产（百万美元）	总销售（百万美元）	净收入（百万美元）	员工补偿（百万美元）	雇员数量（千人）
中国大陆	1 896	643 131	463 519	34 530	35 307	2 101.7
墨西哥	1 257	450 092	264 853	21 344	24 715	1 612.9

注：D表示因为公司的原因数据不披露。
资料来源：美国经济分析局，www.bea.org。

9.2.3　美国对华投资的发展特点

纵观美国在中国所设立的外资机构2009~2016年的统计数据（见表9.4），可以明显地看出，在经历了高速增长和扩张之后，美国对中国的投资总体显得乏力，特别是2014年以后，在企业数量、总资产和净收入方面都几乎没有增长，而从总销售、员工补偿和雇员数量等数据可以看出，2016年这些指标出现了萎缩的情形。

表9.4　2009~2016年美国在中国分支机构的投资情况报告

年份	投资超过2 500万美元的企业数量（个）	总资产（百万美元）	总销售（百万美元）	净收入（百万美元）	员工补偿（百万美元）	雇员数量（千人）
2009	1 117	(D)	238 857	28 164	21 708	1 430.2
2010	1 179	(D)	303 281	39 471	25 394	1 637.5
2011	1 225	331 990	299 553	26 360	19 619	1 478.0
2012	1 269	371 635	333 624	24 699	21 865	1 584.1
2013	1 297	404 692	367 741	26 338	24 406	1 656.4
2014	1 803	589 659	474 965	33 182	33 371	2 058.6
2015	1 863	628 092	484 425	31 350	35 402	2 104.0
2016	1 896	643 131	463 519	34 530	35 307	2 101.7

注：D表示因为公司的原因数据不披露。
资料来源：美国经济分析局，www.bea.org。

此外，我们根据2009～2017年美国对外投资的数据可以看出，美国对外直接投资从2009年以来一直处于稳步增长的趋势，而对中国大陆的投资仅占到其总投资的不到2%，在中国大陆的投资收入占其投资总收入的2.8%，而其投资的重点区域则集中在欧洲、北美、拉美和亚太地区的一些国家或地区（见表9.5）。

表9.5　　　　　　美国对外投资情况（2009～2017年）　　　单位：百万美元

项目	2009年	2010年	2011年	2012年	2013年	2014年	2015年	2016年	2017年
总投资	3 565 020	3 741 910	4 050 026	4 410 015	4 579 713	5 108 835	5 289 071	5 586 030	6 013 335
欧洲	1 991 191	2 034 559	2 246 394	2 445 652	2 604 776	2 901 039	3 075 567	3 309 782	3 553 429
加拿大	274 807	295 206	330 041	366 709	370 259	370 220	361 954	365 375	391 208
日本	91 196	113 523	120 482	125 283	117 239	104 130	106 932	124 550	129 064
韩国	23 930	26 233	28 172	32 202	32 108	37 454	38 608	38 493	41 602
中国台湾地区	19 894	22 188	16 073	17 546	15 307	15 942	15 295	15 935	17 031
中国大陆	54 069	58 996	53 661	54 514	60 454	82 244	92 150	97 287	107 556
墨西哥	84 047	85 751	85 599	104 388	86 433	94 482	101 326	100 734	109 671

资料来源：美国经济分析局，www.bea.org。

9.3　中美公司内贸易与中美贸易顺差

基于上述分析和讨论，我们可以进一步深入分析中美公司内贸易的构成，以及中美贸易顺差的主要来源。

9.3.1　中美公司内贸易的发展趋势

尽管从绝对值来看，中国在美国的对外直接投资中所占份额并不算高,但是从投资地位来看,中国在亚太地区至关重要,而且中国活跃的经济发展和快速的市场化、众多的人口和广阔的市场前景,都成为吸引外商直接投资的重要因素,也成为美国重要的公司内贸易伙伴。

经过对中国和墨西哥投资地位的深入分析和了解,我们可以得出中美公司内贸易的以下特点。

第一,中国是美国重要的出口加工平台,美国的跨国公司大多数将中国作为加工装配中心或生产中心来进行定位和布局。

第二,中国从美国的公司内进口占 16%,向美国的公司内出口占到 26%,再加上中国向美国的出口金额远高于进口金额,表明中国更多地承担着向美国进行公司内出口的职责,而大量的原材料、零配件及中间产品很可能从本地采购或者从其他国家购入,而不是从美国运入中国。这种进出口方面的不平衡性,一方面证明中国已经拥有较为完善的产业链布局和配套,可以完成生产流程的主要环节,而不需要依赖国际市场;另一方面,也表明中国对美国的贸易顺差在很大程度上有夸大的地方,也就是说,超过 1/4 的对美出口是跨国公司的公司内贸易。

第三,中国对美国的公司内出口主要集中在化工、机械和计算机及电子三个领域,这表明中国制造业的竞争优势集中在这三个领域当中,具有全球性的引领作用。而在电子装配行业、服装制造业等传统的劳动密集型产业领域,中国不再具有竞争优势,在中美贸易中也不具备优势,随着中美贸易摩擦的加剧和深入,会加速这些产业向东南亚、拉美地区的转移。王岚(2018)指出,美国对华制造业的对外直接投资整体呈现市场寻求导向,其中在计算机、电子和光学设备行业则具有典型的效率寻求型特征,剔除外资企业贡献后,中国对美国各行业出口的真实贸易收益率大幅下降。以计算机相关产品为例,根据美国经济分析局的报告(Diagne,2016),2014 年,美国在计算机和电子产品的出口达 1 230 亿美元,占制造业总出口的 10%,而且该比例基本稳定。与此同时,美国进口的计算机和电子产品高达 3 647 亿美元,占制造业总进口的 19%。因此,美国在计算机和电子产品方面的贸易逆差高达2 417亿美元，占制造业总逆差的32%，该比例高于其他制造业产品。其中从中国进口的计算机和电子产品达1 679亿美元，在美国消费者和企业购买的计算机和电子产品中，23%是由本国生产的，美国仅在两个小部门有贸易顺差，一个是电子检测设备（15亿美元），另一个是软件和预装存储设备（5亿美元）。

第四，中美贸易争端会对跨国公司的全球战略布局带来较大的影响和较为深远的冲击。一方面，前期投资有着较高的沉没成本，在高关税的作用下，大量的制造业企业不一定会匆忙选择撤出中国大陆，而是会根据政策的变化做出相应的调整，如原先直接出口到美国的，可能选择出口到其他市场；原先从中国大陆完成最后生产环节的，可能会调整到中国台湾地区或者越南，总之，跨国公司不会出现集体的、大规模的撤资和掉头行为，而是根据具体的情形作短期和长期的分阶段安排。另一方面，中国拥有良好的市场发展前景，因此，跨国公司的战略调整仍旧会围绕亚太地区进行，正如20年前大量跨国公司将其亚太区总部从新加坡、中国香港等地转移到北京、上海和广州，20年后的今天，很多跨国公司也可能调整其亚太区的战略，将重点移到新加坡、菲律宾、泰国、越南等地，但中国大陆地区因其庞大的市场基础、优质高效的物流体系和完善的产业链布局，仍旧是跨国公司的重要考虑地区。

第五，考虑到美国在近期与墨西哥、加拿大重新签署自由贸易协定的做法，可以看出，对于重点利益地区，美国并不会完全放弃，乃是采用一种全新的策略重新修改游戏规则，以达到美国利益优先和美国利益最大化。也就是说，美国跨国公司在中国有大量的投资和利益相关方，这个前提是美国政府在进行贸易磋商和谈判过程中优先要考虑的。随着中国的经济发展和产业升级，会拥有越来越多的谈判筹码和竞争优势，从而使中美之间经济联系的布局做出重新调整，这种相对力量的变化将伴随着中国经济发展的过程。

9.3.2 2017 年美国税收政策调整的影响

2017 年，美国通过了《减税和就业法案》(*Tax Cuts and Jobs Act*)，该法案于 2018 年正式实施，实施至 2025 年。除了在个人税收、医保等领域大刀阔斧地改革之外，在企业税收方面也做出了很多调整。包括：(1) 企业税率的降低。税改前，企业税率是 35%；税改后，2018 年起，所有企业使用 21% 的税率。(2) 流动收入税率 (pass-through businesses)。税改前，合营企业、S 型股份制企业、独资企业的收入，分配到每个投资人或合伙人身上，然后按照他们各自的个人所得税率收税。税改后，三种企业收入前 315 000 美元中，有 20% 免税。(3) 企业替代性最低税取消。(4) 企业的国际收入。税改前，按照全球税收制度征税；税改后，第一年按 5% 的标准税率纳税，随着银行利率的升高，第二年一直到 2025 年税率为 10%，之后税率为 12.5%。

美国大幅度改革了其税收政策，不仅在国内实施了减税，而且对跨国公司的税收政策进行了重新调整，由此带来了跨国公司对其海外收益的迅速反应，政策实施之后，2018 年，美国对外直接投资的收入再投资迅速下降，而分红迅速上升，表明税收政策所带来的效果立竿见影。美国税收制度的调整也会对跨国公司的运作带来较大的影响。新税制下，美国公司境外利润汇回，第一年仅收 5% 的税，因此短期内吸引大量企业进行财务调整，将利润汇回美国，这样的操作难免就会带来跨国公司内部的整体财务变动。尽管美国的政策是希望吸引境外投资回流，但我们也可以看出，短期效应之后企业仍然需要综合考虑其全球布局，税收仅仅是利润调整的最后一步考虑。在投资和生产环节，仍需要考虑外部的制度环境、运营成本、贸易成本、运输成本、人员工资等一系列复杂的问题。

在这样的政策调整下，前述跨国公司为了避税而进行的公司内贸易的行为动机将大幅度减少,此外,中国相关对外直接投资关于利润汇回的规定,有可能对跨国公司形成限制,一定程度上会阻碍跨国公司的进一步投资,或者会导致其内部进行财务调整。总的来说,美国跨国公司在中国的投资多在制造业、批发零售业等领域,在金融服务业也将越来越多,税收政策只是决定企业进行利润分配和财务调整的一个影响因素,并不是企业进行全球化运作的决定因素。在良好的外部制度环境、高效的基础设施配套和有吸引力的市场面前,企业仍然有动力向中国进行投资。

9.3.3 电子商务与公司内贸易

美国统计局从1950年开始收集美国的零售数据,自1998年起收集电子商务的零售数据。由于互联网已无处不在,许多零售商建立了自己的网站,甚至整个销售部门都在全力以赴地完成网络订单。许多消费者因为方便和选择更多而转向网络交易,因此,电子商务的销售增速越来越快,并且无疑会影响到整个销售的模式、对销售数据的搜集和整理以及对整个经济活动会带来较大的影响。

2017年6月,美国经济分析局专门发布了网络零售的数据,重新分类了电子商务的销售,细化了相应的数据分类,其总体发现如下:电子商务占到2015年美国零售业的7.2%,该数据在1998年仅为0.2%;自1998年以来,电子商务销售比传统零售增长快了9倍;2015年,在电子商务零售中的87%(即2 948亿美元)是由电子购物或者快递完成的,这既包括纯粹的电子商务公司,也包括传统零售业的网络平台。统计表明,没有实体店或者几乎没有实体店的网络销售者占到65%的销售额(即1 921亿美元),传统零售商的网络平台销售了其余的1 027亿美元。电子商务为传统的电子产品销售贡献了18%的销售额,为服装及服装类杂项商品贡献了10%的销售额,为其他杂项商品贡献了10%的销售额。

根据美国统计局的统计，网络销售的商品五花八门，其他商品包括收藏品、纪念品、汽车零配件、硬件、花园草地用设施、珠宝等，这些类别的商品网络零售总额达 529 亿美元，达到此类商品零售总额的 18%。服装类商品的网络零售也达到零售总额的 18%，达 521 亿美元；家具和家装产品达到 10%（289 亿美元）；电子产品达到 9%（261 亿美元）。

电子商务的迅速发展意味着交易成本的大幅度下降，尽管目前电子商务主要集中在消费品和零售领域，但随着电子商务的日益渗透，其对公司内贸易的长期影响也值得思考。

首先，电子商务的发展使得中间品、零配件等产品可以更加低成本地获得，原先所定义的专用性资产、专门化投资以及要挟问题可以一定程度上减少，从而使企业更加愿意在外部市场去寻求商品，也就是说，通过保持距离型的购买而不是进行专门化的投资。当然，电子商务仍旧是企业寻求相应产品和服务的一个渠道和中介，供应商和采购商如需要建立长期、稳定的合作关系，仍然需要线下的努力和投入。但总体来说，资产的专用性可能大大降低，企业在对外直接投资时可以寻找到更佳资源，或者更有可能签署排他性的合同。

其次，电子商务的发展使得长距离贸易和运输的成本大大降低。传统的国际贸易往往受制于长距离运输的限制，使资源无法有效配置，企业对外直接投资又意味着过高的固定成本投入，以及需要长期的调研和积累。电子商务的发展使得企业一方面可以寻求到最适合的合作伙伴，搜索成本大大降低；另一方面，全球供应链、大数据、云计算、人工智能等新技术的深入应用，能够使企业的生产结构更加扁平化，达到更加有效率的全球化资源整合。

最后，电子商务不仅可以用于企业的外部合作，也可以用于企业的内部管理和运作，使得跨国并购和跨国合作均可高效完成。传统理论认为，在市场中，效率最高的企业对外直接投资，效率较高的企业对外出口，效率较低的企业仅提供国内市场，效率最低的企业退出市场。电子商务的发展有可能颠覆传统的预测和解读，当交易费用降低之后，企业可以达到更细的专业化分工，在此前提下，企业的生产效率成为动态变化的，有些企业可以进行更细的分工，只侧重于某一至两个生产流程或者某个关键环节，从而使企业的异质性特征不再表现为生产效率，而表现为其在细分市场中的深入表现。在这样的基础之下形成的分工，将更加可能是一个全球性生产网络的协同运作和发展，而不是单向、线性、简单的价值增值链，从而有利于在每一个环节上都有一些关键性企业发挥引领作用。

9.4 中美贸易的前景分析

2018年11月20日，美国贸易代表办公室所公布的特别301条款补充报告《对中国有关技术转移、知识产权和创新的行动、政策和做法的补充关注》(*UPDATE CONCERNING CHINA'S ACTS, POLICIES AND PRACTICES RELATED TO TECHNOLOGY TRANSFER, INTELLECTUAL PROPERTY, AND INNOVATION*)中，列举了很多所谓的证据，并且得出了"上述证据表明，中国在根本上并没有改变其在技术转移、知识产权和创新方面的行动、政策和做法，并且在最近几个月表现出更加不理性的行为"的结论。同时，美国要求加拿大警方拘押华为副总裁的做法，也清楚表明，美国非常关注其在高技术领域的利益和战略地位，中美贸易争端将会对我国的高技术企业、吸引外资等带来较大的影响。

9.4.1 中美贸易摩擦将对高技术产业产生广泛的影响

第一，美国对中国高技术企业的发展有着较大的戒备心理和审慎的态度。无论是《特别301报告》还是上述补充报告，美国特别关注的领域有生物制药、云计算、物联网、人工智能、民用航空、替代能源、机器人、铁路、农业机械、高端医疗设备等高技术领域，这些领域基本上与我国高新技术企业、装备制造业、战略性新兴产业的布局相重合，因此这些产业的发展将受到严密的关注。

继中兴通讯、福建晋华和华为以来，中国的通信业、物联网企业、锂电池生产企业等均成为美国政府的关注目标，同时，在《特别301报告》中，生物和化工制药业也被屡屡提及。总之，美国政府对我国在《中国制造2025》报告中所提出的战略目标非常关注，而我国政府重点发展的产业和具有国际竞争力的产业也成为被打压的重点目标。

第二，如果美国认定相关企业对其带来相应的威胁，对这些企业的应对不仅仅限于加征关税，还存在将企业列入其观察名单，限制美国公司将关键技术或关键产品销售给这些企业。此外，美国很可能以"网络安全""消费者隐私安全""商业机密保护"等名义对中国的高技术企业进行封锁，这样的措施远远突破了WTO相关规则的原则规定，但是会对我国高技术企业带来很大的影响。

第三，中美贸易摩擦的影响会波及跨国公司在其他国家的经营。对高技术产业公司的上市、融资、并购等一系列经营活动的限制和打压，不仅仅局限于美国本土，还有可能拓展到与其经济联系紧密的国家，如美国与加拿大和墨西哥签订的区域贸易协定中所谓的"毒丸"条款，限制了加拿大和墨西哥与中国的经济往来。同时，美国政府还会不遗余力地利用其与欧盟、日本、韩国和澳大利亚等国家或地区的关系，努力地排斥中国企业的产品和技术。

第四，在2018年的《特别301报告》中，美国贸易代表办公室强调了中国政府对外商投资活动的不断介入。因此，2019年的外资进入可能会更加谨慎，跨国公司会预判未来可能的市场风险，将其亚太中心放在中国以外的地方，而制造业企业也会由于关税的影响迁移到其他国家，如越南、新加坡等。

反过来，中国企业的"走出去"也会受到相应的波及，对外直接投资和并购等活动会受到相应的审查，一些高技术领域的投资可能会被延缓甚至被拒绝。美国目前已经把来自中国的对外直接投资上升到国家安全高度，《2018年外国投资风险评估现代化法案》(The Foreign Investment Risk Review Modernization Act of 2018)，扩大了外国投资委员会的权限，授权其对来自所有国家的并购、收购进行长期管理和动态审查。2018年初，阿里巴巴集团关联公司蚂蚁金服收购美国转账公司速汇金（Money Gram International）的交易就受到了外国投资委员会（CFIUS）的否决。

另外，特别301补充报告指出，有中国合伙人参与的风险投资基金在美国的风险投资活动中很活跃，在2018年增加了近90亿美元，在2015~2017年，所有的风险投资活动中有10%~16%有中国投资者参与。其最新的统计显示，截至2018年11月5日，中国风险投资者参与了151个交易，而2017年全年的交易数量是167个。报告中的这些内容显示美国政府密切关注中国风险投资基金在美国的投资活动，一些风险投资公司有着横跨中美两国的背景，原本这些风险投资公司有着更加国际化的视野，对技术和市场有更加深刻的理解，投资资金的来源也更加多元化，这些原本的优势可能在今后风险资本的运作上反而成为劣势，其活动会受到更多的掣肘和束缚，从而影响资本市场的活跃程度和投融资的效率。

从目前的情况来看，美国对中国高技术企业的发展有着较大的戒备心理和审慎的态度，政府应当更加关注中美贸易摩擦对我国相应高技术企业未来发展的影响。

9.4.2　我国的应对策略

高技术企业和高技术产业的发展比传统制造业更需要关注，不论中美贸易谈判的短期动向如何，从长期来看，如何发展我国的重点产业，保持我国产业的国际竞争力，同时又在各种可能的制裁环境下发展相关战略新兴产业，更是需要重点关注和深入研究的。目前，美国政府更加关注强制技术转让、知识产权保护、网络入侵、非关税壁垒、产业补贴等问题，而不是单纯的贸易逆差问题，并且与上述议题相关的产业发展也应当是政府关注的重点问题。

1. 鼓励企业加强品牌建设，强调知识产权保护

加强品牌建设和加强知识产权保护是对自身利益的一种保护。过去，很多传统的制造业企业通过贴牌的方式进行代加工，赚取的利润较低，同时，也受到市场波动和贸易摩擦的显著影响。但是随着企业自主创新能力和生产能力的不断提升，目前大多数制造业企业拥有一流的生产能力，因此，加强品牌建设是提升自身市场竞争力和获取更高利润的重要途径，也是在国际市场上保护自身利益的方式。哥伦比亚大学金融学教授魏尚进在最新文章中认为，中国以前在自身创新能力薄弱时，强化知识产权保护可能仅仅意味着中国企业要向国外企业更多地"交租"，但时至今日，随着中国企业正在开发属于自身的宝贵的知识产权，中国企业的发展轨迹铺满全球，强化知识产权保护能够同样惠及中国企业，是一种互惠之举。[①]

2. 引进海外人才应突出企业和高校的力量，淡化政府影响

在传统的招商引资和人才引进过程中，地方政府都起着重要的作用。但是随着中美贸易摩擦的不断深入，人才引进过程中应淡化政府和政府来源资金的影响，而以企业和高校作为主要的引进人才力量。随着我国科技创新能力的不断提升，企业的研发活动在经济发展中有着至关重要的作用，对企业而言，需要引进人才和资金，但在这个过程中，应尽量发挥企业自身的力量和市场的作用。在基础研究和人才引进方面，高等院校应发挥自身的作用，与海外高校、科研机构进行学术合作和学术交流。

---

① Why Import Promotion Could Increase China's Trade Surplus. Project Syndicate, 2018 - 11 - 6.

3. 推动多元化市场发展，重视与"一带一路"国家的贸易

根据海关统计，2018 年，我国与"一带一路"沿线国家进出口增势良好。我国对前三大贸易伙伴——欧盟、美国和东盟进出口分别增长 7.9%、5.7% 和 11.2%，三者合计占我国进出口总值的 41.2%。同期，我国对"一带一路"沿线国家合计进出口 8.37 万亿元，增长 13.3%，高出全国整体增速 3.6 个百分点，我国与"一带一路"沿线国家的贸易合作潜力正在持续释放，成为拉动我国外贸发展的新动力。其中，对俄罗斯、沙特阿拉伯和希腊进出口分别增长 24%、23.2% 和 33%。①

美中经济安全审议委员会提交给国会的《2018 年年度报告》② 显示，美国政府对于"一带一路"倡议有着极大的关注，特别是对我国"一带一路"倡议中的投融资活动、基础设施建设工程等。在国际贸易领域，应当发挥我国产品的国际竞争力，在线上线下进行推动，使我国产品出口的目的地更加多元，聚焦更多的新兴市场，提升企业应对区域性贸易摩擦的能力。

---

① 资料来源：中国海关，http://www.customs.gov.cn/eportal/fileDir/customs/resource/cms/2019/02/2019021814223697909.doc。

② US-China Economic and Security Review Commission. 2018 Annual Report to Congress, Nov. 2018. http://www.uscc.gov。

参 考 文 献

[1] 柴忠东,施慧家. 新新贸易理论"新"在何处——异质性企业贸易理论剖析 [J]. 国际经贸探索, 2008, 24 (12): 14-18.

[2] 陈建安. 跨国公司内贸易及其对国际贸易体系的影响 [J]. 世界经济文汇, 1986, 5: 21-25.

[3] 陈茂直. 垂直专业化贸易、公司内贸易和产业内贸易的对比研究 [J]. 重庆第二师范学院学报, 2008, 21 (6): 101-103.

[4] 陈文敬,李伟. 解开逆差之谜——如何正确看待和处理中美贸易不平衡问题 [J]. 国际贸易, 2006 (3): 8-12.

[5] 程惠芳,张孔宇,余杨. 公司内贸易与跨国公司内生增长的实证研究 [J]. 国际贸易问题, 2004 (9): 73-77.

[6] 樊辉. 跨国公司与我国产业内贸易的发展 [J]. 产业经济评论, 2006 (2): 91-93.

[7] 郝群. 论跨国公司内部贸易与转移价格 [D]. 上海:复旦大学, 2001.

[8] 胡勇杰. 公司内国际贸易及研究的重要性 [J]. 世界经济, 1988 (5): 52-57.

[9] 黄亚生. 中美贸易冲突的实质是制度冲突 [EB/OL]. http://huangyasheng.blog.caixin.com/archives/181597, 2018-5-29.

[10] 李力. 公司内贸易理论及其对我国发展公司内贸易的启示

[D]. 武汉：华中科技大学，2002.

[11] 李涛，杨倚奇. 对新贸易理论中规模经济若干问题的认识 [J]. 南京理工大学学报（社会科学版），2000，13（4）：36 – 39.

[12] 李庸. 跨国公司内部贸易的决定因素：一个研究框架 [J]. 经营管理者，2012（7）：12 – 13.

[13] 刘燕. 跨国公司内部贸易的动因研究 [D]. 湘潭：湘潭大学，2007.

[14] 刘戒骄. 生产分割与制造业国际分工 [J]. 中国工业经济，2011（4）：149 – 157.

[15] 钱学锋，黄汉民. 垂直专业化、公司内贸易与中美贸易不平衡 [J]. 财贸经济，2008（3）：117 – 121.

[16] 孙洁. 中国境内跨国公司内部贸易的动因、负面效应及其对策研究 [J]. 价格月刊，2014（12）：85 – 88.

[17] 孙文莉，陈丽丽. 汇率波动冲击下的公司内贸易 [J]. 财经科学，2010，1（262）：76 – 82.

[18] 王岚. 全球价值链视角下双边真实贸易利益及核算——基于中国对美国出口的实证 [J]. 国际贸易问题，2018（2）：82 – 91.

[19] 邢予青，Neal Ditert. 国际分工与美中贸易逆差：以 iPhone 为例 [J]. 金融研究，2011（3）.

[20] 徐佳. 跨国公司内部贸易对我国经济的影响及对策研究 [D]. 济南：山东大学，2006.

[21] 杨宏，杨珍增. 特朗普政府 301 征税措施对美国国内产业的影响 [J]. 亚太经济，2018（6）：60 – 69.

[22] 杨正位. 全球化时代的产业转移是美对华贸易逆差的根本原因 [J]. 中国金融，2005（4）.

[23] 张茂荣. 跨国公司内部贸易研究 [D]. 长春：吉林大学，2004.

[24] 张晓明. 跨国公司内部贸易及其转移定价 [D]. 上海：上海大

学，2003．

[25] 张幼文. 中美贸易战：不是市场竞争而是战略竞争 [J]. 南开学报（哲学社会科学版），2018（3）：8-10．

[26] 张宇燕，冯维江. 从"接触"到"规锁"：美国对华战略意图及中美博弈的四种前景 [J]. 清华金融评论，2018，7（5）：24-25．

[27] 赵忠秀，吕智. 企业出口影响因素的研究述评——基于异质性企业贸易理论的视角 [J]. 国际贸易问题，2009（9）：123-128．

[28] 郑传均. 跨国公司内部贸易研究 [D]. 长沙：中南大学，2006．

[29] 郑民，井辉. 跨国公司贸易内部化及其启示 [J]. 福州大学学报（哲学社会科学版），2001，15（4）：147-150．

[30] 朱刚体，夏申. 论公司内的国际贸易 [J]. 世界经济文汇，1986（3）：3-7．

[31] Ahn, J., Khandelwal, A. K., & Wei, S. J.. The Role of Intermediaries in Facilitating Trade [J]. Journal of International Economics, 2001, 84 (1): 73-85.

[32] Alon, I., Anderson, J., Munim, Z. H., & Ho, A.. A Review of the Internationalization of Chinese Enterprises [J]. Asia Pacific Journal of Management, 2018, 35 (3): 573-605.

[33] Amiti, M., Konings, J.. Trade Liberalization, Intermediate Inputs and Productivity: Evidence from Indonesia [J]. American Economic Review, 2007, 97 (5): 1611-1638.

[34] Antras, P., Costinot, A.. Intermediated Trade [J]. The Quarterly Journal of Economics, 2011, 126 (3): 1319-1374.

[35] Antras, Pol and Helpman. Global Sourcing [J]. Journal of Political Economy, 2004, 112 (3): 552-580.

[36] Antras, Pol.. Firms, Contracts and Trade Structure [J]. Quarterly Journal of Economics, November, 2003: 1375-1418.

[37] Baldwin, J. R. and Wulong Gu. Trade Liberalization: Export Market Participation, Productivity Growth and Innovation [J]. Oxford Review of Economic Policy, 2004, 20 (3): 372-392.

[38] Baldwin, J. R. and Wulong Gu. The Impact of Trade on Plant Scale, Production Run Length and Diversification [C]. In T. Dunne, J. B. Jensen and M. J. Roberts (eds). Producer Dynamics: New Evidence from Micro Data [M]. University of Chicago Press, 2009.

[39] Baldwin, J. R., Harchaoui, T. M.. The Integration of the Canadian Productivity Accounts Within the System of National Accounts: Current Status and Challenges Ahead [M]. In A New Architecture for the US National Accounts (pp. 439-470). University of Chicago Press, 2006.

[40] Baldwin, R. E.. Multilateralising Regionalism: Spaghetti Bowls as Building Blocs on the Path to Global Free Trade [J]. World Economy, 2006, 29 (11): 1451-1518.

[41] Baldwin J. and Beiling Yan. Global Value Chains and the Productivity of Canadian Manufacturing Firms [Z]. Economic Analysis Research Paper Series, Economic Analysis Division, Statistics Canada, March 2014.

[42] Bastos, P., Silva, J.. The Quality of a Firm's Exports: Where You Export to Matters [J]. Journal of International Economics, 2010, 82 (2): 99-111.

[43] Bernard, A. B., and Jensen, J. B. Why Some Firms Export? [J]. NBER Working Paper No. 8349, http://www.nber.org/papers/w8349.

[44] Bernard, A. B., Jensen, J. B., Redding, S. J., Schott, P. K.. Firms in International Trade [J]. Journal of Economic Perspectives, 2007, 21 (3): 105-130.

[45] Bernard, A. B., Jensen, J. B., Redding, S. J., Schott, P. K.. The Empirics of Firm Heterogeneity and International Trade [J]. Annual

Review of Economics, 2012, 4 (1): 283 –313.

[46] Bernard, A. B., Redding, S. J., Schott, P. K.. Multiproduct Firms and Trade Liberalization [J]. The Quarterly Journal of Economics, 2011, 126 (3): 1271 –1318.

[47] Bernard, A. B., J. Bradford Jensen and Peter K. Schott. Importers, Exporters and Multinationals: A Portrait of Firms in the U. S. That Trade Goods. In Timothy Dunne, J. Bradford Jensen and Mark J. Roberts. Producer Dynamics: New Evidence from Micro Data [M]. Chicago: University of Chicago Press, 2009.

[48] Bernard, A. B., J. Bradford Jensen, Stephen J. Redding and Peter K. Schott. Intra-firm Trade and Product Contractibility (long version) [Z]. NBER Working Paper No. 15881, 2010.

[49] Blonigen, B. A.. A Review of the Empirical Literature on FDI Determinants [Z]. NBER Working Paper No. 11299, http://www.nber.org/papers/w11299, 2005.

[50] Bonturi, M. and K. Fukasaku. Globalisation and Intra-Firm Trade: An Empirical Note [J]. OECD Economic Studies, 1993, 20: 145 –159.

[51] Brandt. L., Van Biesebroeck, J. and Zhang, Y.. Creative Accounting or Creative Destruction? Firm-level Productivity Growth in Chinese Manufacturing [J]. Journal of Development Economics, 2012, 97 (2): 339 –351.

[52] Brainard, S. L. and D. Riker. Are U. S.. Multinationals Exporting U. S. Jobs? [Z]. NBER Working Paper 5958, http://www.nber.org/papers/w5958.

[53] Branstetter, L., Drev, M.. Who's Your Daddy? Foreign Investor Origin, Multi-Product Firms, and the Benefit of Foreign Investment [R]. In Technical Report. NBER Conference on International Trade and Investment, 2014.

[54] Buckley, P. J., Casson, M.. The Optimal Timing of a Foreign Direct Investment [J]. The Economic Journal, 1981, 91 (361): 75 –87.

［55］Bustos, P.. Trade Liberalization, Exports, and Technology Upgrading: Evidence on the Impact of MERCOSUR on Argentinian Firms ［J］. American Economic Review, 2011, 101（1）: 304 – 340.

［56］Caves, R. E.. Multinational Enterprise and Economic Analysis ［M］. Cambridge University Press, 1996.

［57］Chevassus-Lozza, Emmanuelle and Danielle Galliano. Intra-Firm Trade in the Context of European Integration: Evidence From the French Multinational Agribusiness ［J］. Agribusiness, 2009, 25（1）: 128 – 143.

［58］Clausing, K.. Tax-Motivated Transfer Pricing and US Intrafirm Trade Prices ［J］. Journal of Public Economics, 2003, 87: 2207 – 2223.

［59］Coase, Ronald. The Nature of the Firm ［J］. Economica, 1937, 4（16）: 386 – 405.

［60］Corcos, Gregory, Delphine Irac, Giordano Mion and Thierry Verdier. The Determinants of Intra-Firm Trade ［J］. London School of Economics, Mimeograph, 2008.

［61］Defever, Fabrice and Farid Toubal. Productivity and the Sourcing Modes of Multinational Firms: Evidence from French Firm-Level Data ［Z］. CEP Discussion Paper, 0842, London School of Economics, 2007.

［62］Diagne, Adji Fatou. Made In America: Computer and Electronic Products ［R］. U. S. Department of Commerce, Economics and Statistics Administration, 2016.

［63］Díez, F. J.. The Asymmetric Effects of Tariffs on Intra-Firm Trade and Offshoring Decisions ［Z］. Research Deportment Working Paper, 2010, 10（4）.

［64］Dedrick, J., K. Kraemer and G. Linden. Who Profits from Innovation in Global Value Chains? A Study of the iPod and notebook PCs ［A］. In Proceedings of the Sloan Industry Studies Annual Conference, 2008.

[65] Dornbusch, R.. The Case for Trade Liberalization in Developing Countries [J]. Journal of Economic Perspectives, 1992, 6 (1): 69 – 85.

[66] Du, Yingxin, Jiandong Ju, Carlos D. Ramirez, Xi Yao, Bilateral Trade and Shocks in Political Relations: Evidence from China and Some of Its Major Trading Partners, 1990 – 2013 [J]. Journal of International Economics, 2017: 211 – 225.

[67] Dunning, J. H.. Trade, Location of Economic Activity and the MNE: A Search for an Eclectic Approach [C]. In: Ohlin, B., Hesselborn, P. O. and Wijkman, P. M., Eds., The International Allocation of Economic Activity [M]. MacMillan, London, 1977: 395 – 418.

[68] Eaton, J., Kortum, S.. Technology, Geography, and Trade [J]. Econometrica, 2002, 70 (5): 1741 – 1779.

[69] Eckel, C., Neary, J. P.. Multi-product Firms and Flexible Manufacturing in the Global Economy [J]. The Review of Economic Studies, 2010, 77 (1): 188 – 217.

[70] Ederington, J., McCalman, P.. Endogenous Firm Heterogeneity and the Dynamics of Trade Liberalization [J]. Journal of International Economics, 2008, 74 (2): 422 – 440.

[71] Edwards, L., Sanfilippo, M., Sundaram, A.. Importing and Firm Export Performance: New Evidence from South Africa [J]. South African Journal of Economics, 2018 (86): 79 – 95.

[72] Egger, Peter and Pfaffermayr, Michael. The Determinants of Intrafirm Trade: in Search for Export-Import Magnification Effects [J]. Review of World Economics, 2005, 141 (4): 648 – 669.

[73] Ekholm, K., R. Forslid and Markusen J.. Export-Platform Foreign Direct Investment [J]. Journal of European Economics Association, 2007, 5: 776 – 795.

[74] Feenstra, R. C.. Integration of Trade and Disintegration of Production in the Global Economy [J]. The Journal of Economic Perspectives, 1998, 12: 31-50.

[75] Feenstra, R. C., Mandel, B. R., Reinsdorf, M. B. and Slaughter M. J.. Effects of Terms of Trade Gains and Tariff Changes on the Measurement of US Productivity Growth [J]. American Economic Journal: Economic Policy, 2013, 5 (1): 59-93.

[76] Feenstra, R. C., Sasahara, A.. The "China Shock" Exports and US Employment: A Global Input-Output Analysis [J]. Review of International Economics, 2018, 26 (5): 1053-1083.

[77] Feenstra, R. C.. Restoring the Product Variety and Pro-Competitive Gains from Trade with Heterogeneous Firms and Bounded Productivity [J]. Journal of International Economics, 2018, 110: 16-27.

[78] Feigberg, S. and M. Keane. Accounting for the Growth of MNC-Based Trade Using a Structural Model of US MNCs [J]. American Economic Review, 2005.

[79] Furtado, C.. Economic Development of Latin America. In Promise of Development [M]. Routledge, 2018.

[80] Geroski, P. A.. What Do We Know About Entry? [J]. International Journal of Industrial Organization, 1995, 13 (4): 421-440.

[81] Grossman, G. M. Elhanan Helpman and Adam Szeidl. Optimal Integration Strategies for the Multinational Firm [J]. Journal of International Economics, 2006 (70): 216-238.

[82] Grossman, G. M., Helpman, E.. Endogenous Innovation in the Theory of Growth [J]. Journal of Economic Perspectives, 1994, 8 (1): 23-44.

[83] Grossman, Gene M. and Elhanan Helpman. Outsourcing in a Global Economy [J]. Review of Economic Studies, 2005, 72: 135-159.

[84] Grossman, Gene M. and Elhanan Helpman. Outsourcing versus FDI in Industry Equilibrium [J]. Journal of the European Economic Association 1 (Papers and Proceedings), 2003: 317-327.

[85] Grossman, Gene M. and Elhanan Helpman. Protection for Sale [Z]. NBER Working Paper, No. 4149, 1992.

[86] Grossman, Gene M. and Esteban Rossi-Hansberg. Trading Tasks: A Simple Theory of Offshoring [Z]. NBER Working Paper, No. 12721, 2006.

[87] Hallak, J. C., Schott, P. K.. Estimating Cross-Country Differences in Product Quality [J]. The Quarterly Journal of Economics, 2011, 126 (1): 417-474.

[88] Hanson, G., Mataloni, R., Slaughter M.. Vertical Production Networks in Multinational Firms [J]. Review of Economics and Statistics, 2005, 87 (4): 664-678.

[89] Head, K., Ries, J.. Increasing Returns Versus National Product Differentiation as an Explanation for the Pattern of US-Canada Trade [J]. American Economic Review, 2011, 91 (4): 858-876.

[90] Heckman, J. J., Li, X.. Selection Bias, Comparative Advantage and Heterogeneous Returns to Education: Evidence from China in 2000 [J]. Pacific Economic Review, 2004, 9 (3): 155-171.

[91] Helpman, E. and Paul Krugman, Market Structure and Trade. Market Structure and Foreign Trade: Increasing Returns, Imperfect Competition, and the International Economy [M]. Cambridge MA: MIT Press, 1985.

[92] Helpman, E., Melitz, M. J., Yeaple, S. R.. Export versus FDI with Heterogeneous Firms [J]. American Economic Review, 2004, 94 (1): 300-316.

[93] Helpman, Elhanan. Trade, FDI and the Organization of Firms [Z]. NBER Working Paper, 2006, No. 12091.

［94］ Helpman, Elhanan and Gene M. Grossman. Managerial Incentives and the International Organization of Production ［Z］. NBER Working Papers No. 9403, http：//www. nber. org/papers/w9403, 2002.

［95］ Impullitti, G. and Licandro, O.. Trade, Firm Selection and Innovation: The Competition Channel ［J］. The Economic Journal, 2018, 128 (608)：189－229.

［96］ Katz, M. L., Shapiro, C.. Systems Competition and Network Effects ［J］. Journal of Economic Perspectives, 1994, 8 (2)：93－115.

［97］ Khandelwal, Amit K., Peter K.. Schott and Shang-Jin Wei. Trade Liberalization and Embedded Institutional Reform: Evidence from Chinese Exporters ［Z］. NBER Working Papers No. 17524, http：//www. nber. org/papers/w17524.

［98］ Keane, M., Rogerson, R.. Reconciling Micro and Macro Labor Supply Elasticities: A Structural Perspective ［J］. Annual Review of Economics, 2015, 7 (1)：89－117.

［99］ Kekre, S., Srinivasan, K.. Broader Product Line: A Necessity to Achieve Success? ［J］. Management Science, 1990, 36 (10)：1216－1232.

［100］ Keller, W., Yeaple, S. R.. Multinational Enterprises, International Trade and Productivity Growth: Firm-level Evidence from the United States ［J］. The Review of Economics and Statistics, 2009, 91 (4)：821－831.

［101］ Kosack, S.. Effective Aid: How Democracy Allows Development Aid to Improve the Quality of Life ［J］. World Development, 2003, 31 (1)：1－22.

［102］ Kohler, W. and M. Smolka. Global Sourcing Decisions and Firm Productivity: Evidence from Spain ［Z］. CESifo Working Paper No. 2903, 2009.

［103］ Koopman, R., Wang, Z. and S. J. Wei. How Much of Chinese Exports is Really Made in China? Assessing Domestic Value-added When Processing Trade is Pervasive ［Z］. NBER Working Paper No. 14109, http：//www. nber. org/papers/w14109.

[104] Krugman, P. Scale Economies, Product Differentiation, and the Pattern of Trade [J]. The American Economic Review, 1980, 70 (5): 950-959.

[105] Lancaster, K.. The Economics of Product Variety: A Survey [J]. Marketing Science, 1990, 9 (3): 189-206.

[106] Lanz and Miroudot. Intra-Firm Trade: Patterns, Determinants and Policy Implications [Z]. OECD Trade Policy Working Papers No. 114, OECD Publishing. http://dx.doi.org/10.1787/5kg9p39lrwnn-en, 2011.

[107] Leigh, N. G., Blakely, E. J.. Planning Local Economic Development: Theory and Practice [M]. SAGE publications, 2016.

[108] López-Córdova, J. E.. NAFTA and Mexico's Manufacturing Productivity: An Empirical Investigation Using Micro-level Data [Z]. Inter-American Development Bank, Washington, DC, 2002.

[109] Manova, K., Wei, S. J., Zhang, Z.. Firm Exports and Multinational Activity Under Credit Constraints [J]. Review of Economics and Statistics, 2015, 97 (3): 574-588.

[110] Manova, Kalina and Zhiwei Zhang. China's Exporters and Importers: Firms, Products and Trade Partners [Z]. NBER Working Paper No. 15249, 2009, http://www.nber.org/papers/w15249.

[111] Marin, D.. A New International Division of Labor in Europe: Outsourcing and Offshoring to East-Central and Eastern Europe [M]. In: J. Winiecki (ed.), Competitiveness of New Europe. (pp. 122-136). London: Routledge, 2009.

[112] Markusen, J. R.. The Boundaries of Multinational Enterprises and the Theory of International Trade [J]. Journal of Economic Perspectives, 1995, 9 (2): 169-189.

[113] Melitz, M. J.. The Impact of Trade on Intra-Industry Reallocations and Aggregate Industry Productivity [J]. Econometrica, 2003, 71 (6): 1695-1725.

[114] Navaretti, G. B., Haaland, J. I., & Venables, A. Multinational Corporations and Global Production Networks: the Implications for Trade Policy [Z]. CEPR Working Paper, 2002, 12.

[115] Nunn, Nathan and Daniel Trefler. The Boundaries of the Multinational Firm: An Empirical Analysis [C]. In E. Helpman, D. Marin and T. Verdier (eds.). The Organization of Firms in a Global Economy [M]. Harvard University Press, 2008.

[116] Nunn, Nathan. Relationship-Specificity, Incomplete Contracts, and the Pattern of Trade [J]. Quarterly Journal of Economics, 2007, 122: 569–600.

[117] Ornelas Emanuel and John L. Turner. Trade Liberalization, Outsourcing and the hold-up Problem [J]. Journal of International Economics, 2008 (74): 225–241.

[118] Pavcnik, N.. Trade Liberalization, Exit, and Productivity Improvements: Evidence from Chilean Plants [J]. The Review of Economic Studies, 2002, 69 (1): 245–276.

[119] Peteraf, M. A.. The Cornerstones of Competitive Advantage: A Resource-based View [J]. Strategic Management Journal, 1993, 14 (3): 179–191.

[120] Poncet, S., and De Waldemar, F. S.. Product Relatedness and Firm Exports in China [R]. The World Bank, 2013.

[121] Redding, Stephen, J.. Theories of Heterogeneous Firms and Trade [J]. Annual Review of Economics, 2011, 3 (1): 77–105.

[122] Rob, R. and Vettas, N.. Foreign Direct Investment and Exports with Growing Demand [J]. The Review of Economic Studies, 2003, 70 (3): 629–648.

[123] Sanchez, R.. Strategic Flexibility in Product Competition [J]. Strategic Management Journal, 1995, 16 (S1): 135–159.

[124] Telles, Rudy Jr.. Foreign Direct Investment in the United States: Update to 2013 Report [R]. U. S. Department of Commerce, Economics and Statistics Administration, 2016.

[125] Sitchinava, N.. Trade, Technology, and Wage Inequality: Evidence from US Manufacturing, 1989 – 2004 [D]. PhD Dissertation, University of Oregon, 2008.

[126] Topalova, P., Khandelwal, A.. Trade Liberalization and Firm Productivity: The Case of India [J]. Review of Economics and Statistics, 2011, 93 (3): 995 – 1009.

[127] Tybout, J. R.. Plant and Firm-level Evidence on "New" Trade Theories [Z]. NBER Working Paper No. w8418, National Bureau of Economic Research, 2001.

[128] UNCTAD. World Investment Report: Investment, Trade and International Policy Arrangements [R]. United Nations, New York: 1996.

[129] Wilfred J., and James R.. Markusen. Multinational Firms, Technology Diffusion and Trade [J]. Journal of International Economics, 1996, XLI: 1 – 28.

[130] Wood, A.. How Trade Hurt Unskilled Workers [J]. Journal of Economic Perspectives, 1995, 9 (3): 57 – 80.

[131] Yeaple, S. R.. The Complex Integration Strategies of Multinationals and Cross Country Dependencies in the Structure of Foreign Direct Investment [J]. Journal of International Economics, 2003, 60 (2): 293 – 314.

[132] Yeaple, Stephen R.. Offshoring, Foreign Direct Investment and the Structure of U. S. Trade [J]. Journal of the European Economic Association Papers and Proceedings, 2006, Vol. 4, Issue 2 – 3, 602 – 611.

[133] Yi K-M. Can Vertical Specialization Explain the Growth of World Trade? [J]. Journal of Political Economics, 2003, 111 (1): 52 – 102.